Mihkel Weske

Untersuchungen zur vergleichenden Grammatik des finnischen Sprachstammes

Mihkel Weske

Untersuchungen zur vergleichenden Grammatik des finnischen Sprachstammes

ISBN/EAN: 9783743650824

Hergestellt in Europa, USA, Kanada, Australien, Japan

Cover: Foto ©Thomas Meinert / pixelio.de

Weitere Bücher finden Sie auf **www.hansebooks.com**

UNTERSUCHUNGEN
ZUR
VERGLEICHENDEN GRAMMATIK
DES
FINNISCHEN SPRACHSTAMMES.

INAUGURALDISSERTATION
ZUR ERLANGUNG
DER PHILOSOPHISCHEN DOCTORWÜRDE
AUF DER UNIVERSITÄT LEIPZIG
VON
MICHAEL WESKE
AUS LIVLAND.

LEIPZIG,
DRUCK VON BREITKOPF UND HÄRTEL.
1872.

IHRER KAISERLICHEN HOHEIT

DER FRAU

GROSSFÜRSTIN HELENE PAVLOVNA

VON RUSSLAND

IN TIEFSTER EHRFURCHT UND DANKBARKEIT

GEWIDMET

VOM VERFASSER.

Vorwort.

Es ist eine bekannte Thatsache, dass die verschiedenen Sprachen des finnischen Völkerstammes auf eine gemeinsame Grundsprache hinweisen. Jedoch ist das Verhältniss der einzelnen finnischen Sprachen zu einander und zu einer gemeinsamen Grundsprache noch keineswegs bisher in jener Weise festgestellt, wie das Verhältniss der indogermanischen Sprachen zu ihrer Ursprache. Eine dahingehende Untersuchung ist aber für die Erkenntniss der finnischen Sprachen ein dringendes Bedürfniss. Will man nun gar das Verhältniss der finnischen Sprachfamilie zu den übrigen Haupt-Familien des ural-altaischen Stammes (Samojedisch, Tatarisch, Mongolisch, Tungusisch) genau bestimmen oder, noch tiefer in das Wesen der Sprache eindringend, ihre Beziehungen zum Indogermanischen untersuchen, so ist es unumgänglich nothwendig, zuvor eine gemeinsame Grundsprache der finnischen Sprachen festzustellen und ihr Verwandtschaftsverhältniss zu einander etwa durch das Bild eines Stammbaumes klar darzustellen. Ebenso müsste auch die Ursprache der tatarischen und mongolischen Idiome erschlossen werden. Denn will man das Verhältniss zweier Sprachfamilien zu einander oder ihre Verwandtschaft nachweisen, so muss man beide in ihrer ursprünglichen Gestalt, soweit wir diese nämlich zu erkennen vermögen, mit einander vergleichen. Da aber die bisherigen Beweise von der Verwandtschaft der finnischen Sprachfamilie z. B. mit der tatarischen dieser sicheren Grundlage entbehren, so haben sie keine zwingende Kraft und sind meistens blosse Gründe der Wahrscheinlichkeit. Von dieser Betrachtung ausgehend habe ich es unternommen, die allen finnischen Sprachen zu Grunde liegende Ursprache an der Identität ihrer Wortbildungselemente (d. h. Casusendungen, Bildungselemente der Substantiva und Verba) sprachhistorisch nachzuweisen, und das Verhältniss der verwandten Einzelsprachen zu einander, so gut es meine Kräfte und die mir zu Gebote stehenden Mittel gestatten, darzustellen. Um dies zu erreichen, verfolge ich alle lautlich zusammengehörenden Elemente durch die verschiedenen Redetheile der finnischen Sprachen, stelle sie zusammen, suche ihre ältesten Begriffe und Formen auf, und zeige, welche von ihnen allen den Sprachen gemeinsam, oder dieser oder jener eigenthümlich sind.

Bei diesem Verfahren werden zahlreiche Irrthümer und Ungenauigkeiten der bisherigen Grammatiker rücksichtlich der lautlichen Formen und ihrer Bedeutung schon durch die blosse Zusammenstellung der auf gleichen Ursprung zurückgehenden Elemente berichtigt, und die historische Entwickelung unserer Sprachen vor Augen gestellt. Denn wie gross die Verdienste Sjögren's, Wiedemann's, Ahlqvist's und Anderer auch sind — in Bezug auf die historische Forschung lassen sie Manches zu wünschen übrig. Sie sowohl (wie auch alle unten angeführten Autoren) haben Vorzügliches geleistet, aber fast nur in der Bearbeitung des vorhandenen Stoffs der einzelnen Sprachen; die Vergleichung der finnischen Sprachen unter einander lag weniger in ihrer Absicht. Ich versuche nun ihre Arbeiten zu ergänzen.

Keineswegs aber verhehle ich mir die Schwierigkeit meiner Aufgabe, glaube mich aber dennoch zu derselben berufen, weil die genaue Kenntniss des Ehstnischen, meiner Muttersprache, und die Vertrautheit mit der historisch-comparativen Methode der Sprachforschung mir mehr als manchem Anderen diese Arbeit nahe legt.

Leipzig, im Juli 1872.

Der Verfasser.

Abkürzungen.

Adess.	=	Adessiv
All., Allat.	=	Allativ.
d., dorpt.	=	dorpat-ehstnisch
čerem.	=	čeremissisch
ehstn.	=	ehstnisch
Elat.	=	Elativ
Ersam.	=	Ersa-mordwinisch
finnm.	=	finnmärkisch
Ill., Illat.	=	Illativ
Inf., Infin.	=	Infinitiv
l.	=	vel
lapp.	=	lappisch
magyar.	=	magyarisch
mokscha-m.	=	mokscha-mordwinisch
mordw.	=	mordwinisch
ostjak.	=	ostjakisch
poet.	=	poetisch
r.	=	reval-ehstnisch
sal.	=	salisch-livisch
sm.	=	Suomi
St.	=	Stamm
surg.	=	surgutisch
syrjän.	=	syrjänisch
weps.	=	wepsisch
wogul.	=	wogulisch
wot.	=	wotisch
wotj., wotjak.	=	wotjakisch

* bezeichnet erschlossene Form.
( ) bezeichnet den Ausfall eines Lautes.

Quellen und Hilfsmittel.

Suomi: Eurén, G. E., Finsk språklära (Åbo, 1849); Finsk svensk Ordbok (Tavastehus, 1860); — Jahnsson, A. W., Finska Språkets Satslära (Helsingfors, 1871); — Renvall, G., Lexicon linguae finnicae cum interpretatione duplici, copiosiore latina, breviore germanica (Åboae, 1826); — Kalevala (Helsingfors, 1849).

Ehstnisch: Ahrens, E., Gramm. der ehstn. Sprache revalschen Dialektes (Reval, 1853); — Wiedemann, F. J., Versuch über den werro-ehstnischen Dialekt (in den Mémoires de l'Acad. impér. des sciences de St.-Pétersbourg, VII Série 1864); Ehstnisch-deutsches Wörterbuch (St. Petersburg, 1860); — Dr. F. Fählmann, Ueber die Declination der ehstnischen Nomina (Dorpat, 1844); — Neus, H., Ehstnische Volkslieder (Reval, 1850); — Kreutzwald, Kalewi poeg, eiue ehstn. Sage (Dorpat, 1857).

Livisch: Sjögren, Livische Grammatik nebst Sprachproben; livisch-deutsches und deutsch-livisches Wörterbuch, bearbeitet von J. E. Wiedemann (St. Petersb., 1861).

Wotisch: Ahlqvist, Wotisk Grammatik jemte språkprof och ordförteckning (in den Acta soc. sc. fenn. V. 1855).

Wepsisch (Nord-Tschudisch): Ahlqvist, A., Anteckningar i nordtschudiskan (in den Acta soc. scient. fenn. VI.); — Lönnrot, Om det nord-tschudiska språket (Helsingfors, 1863).

Lappisch: Friis, J. A., Lappisk Grammatik, udarbeidet efter den finmarkiske Hoveddialekt eller Sproget, saaledes som det almindeligst tales i norsk Finmarken Christiania, 1856); Lappiske Sprogprøver, en Samling af lapp. Eventyr, Ordsprog og Gaader, med Ordbog (Christiania, 1856); — Lönnrot, E., Ueber den Enare-lappischen Dialekt (in den Acta soc. scient. fenn. IV., Helsingfors, 1854).

Mordwinisch: Wiedemann, F. J., Grammatik der ersa-mordwinischen Sprache, nebst einem kleinen mordwin.-deutschen und deutsch-mordwin. Wörterbuche (in den Mém. de l'Acad. imp. des sc. de St. Pétersbourg VII. Série IX. (St. Petersburg, 1865); — Ahlqvist, A., Versuch einer mokscha-mordwinischen Grammatik nebst Texten und Wörterverzeichniss (St. Petersburg, 1861).

Tscheremissisch: Wiedemann, F. J., Versuch einer Grammatik der tscheremissischen Sprache .... (Reval, 1847).

Wotjakisch: Wiedemann, F. J., Grammatik der wotjakischen Sprache nebst einem kleinen wotjakisch-deutschen und deutsch-wotjakischen Wörterbuche (Reval, 1851).

Syrjänisch: Wiedemann, F. J., Versuch einer Grammatik der syrjänischen Sprache .... (Reval, 1847).

Ostjakisch: Castrén, M. Alex., Versuch einer ostjakischen Sprachlehre nebst kurzem Wörterverzeichniss; herausgegeben von Ant. Schiefner, 2. Aufl. St. Petersb. 1858.

Magyarisch: Riedl, Ans. Mansvet, Magyarische Grammatik (Wien, 1858). — Fogarasi, Joh., Wörterbuch der ungarischen und deutschen Sprache. (Pest, 1860).

Wogulisch: Hunfalvy Pál, A' kondai vogul nyelv (Pest, 1872). —

Boller, Aug., Die finnischen Sprachen (in den Berichten der kaiserl. Acad. der Wissensch. zu Wien, phil.-hist. Classe, Lautlehre (Bd. 10), Declination (Bd. 11 und 12), Conjugation (Bd. 13—16), 1853—1855.

Thomsen, Dr. Wilh., Ueber den Einfluss der germanischen Sprachen auf die finnisch-lappischen. (Halle, 1870).

I.
Declination.

1. Allgemeines.

§ 1. Im ersten allgemeinen Theile will ich zunächst Lautverhältnisse behandeln und zwar derartig, dass ich auf die bekannten Lautgesetze blos hinweise, einige unbekannte oder ungenau aufgestellte dagegen ausführlicher darlege. Sodann sollen beispielsweise die zweisylbigen und dreisylbigen Stämme, sowie die sogenannten Nomina contracta in Betrachtung kommen.

Schon hierbei wird sich zeigen, in welche Fehler selbst die bedeutendsten Grammatiker verfallen sind, weil sie die historische Entwicklung der Sprache verkannt und die vergleichende Methode nicht angewandt haben.

Zeichen und Aussprache der Laute.

§ 2. Vocale.

a, neigt im Ostjak. und Magyar. zu *o* hin, im ersteren auch zu *e*.

á, lapp., neigt zu *o* hin, gleich englisch *a* in call.

aa, oder *ā*, langes *a*.

ä, ganz offen.

ää, oder *ǟ*, länges *ä*.

o.

oo, oder *ō*. langes *o*.

ó, länger als das lange *o*, unrein, zwischen *o* und *u*.

ö, gleich deutschem *ö*.

ọ, livisch, zwischen o und u.
öö, ō, langes ö.
ǿ, länger als das lange ö, unrein zwischen ö und ü.
õ, zwischen o und ö, ähnlich dem englischen u in but,
õõ, oder ō̃, langes õ.
ǫ́, länger als ō̃, unrein, zwischen õ und ü.
u.
uu, oder ū, langes u.
ü, lang ṻ.
y, lang yy im Suomi, gleich ü, üü.
y, dumpfes, gutturales i, russisch ы, in den östlichen Sprachen.
e, lang ē, lautet im Magyar. wie ä oder ǟ.
é, länger als ē und unrein, zwischen e und i.
i.
ii, oder ī langes i.

Mit ˢ hinter den langen Vocalen und Diphthongen bezeichne ich eine noch längere Aussprache derselben als die gewöhnliche Länge im Ehstnischen (s. §§ 7 und 8).

Mit ͵ unter einem Vocal bezeichne ich eine dünnere, nach i hinneigende Aussprache desselben nach Ausfall eines i hinter dem folgenden Consonannten.

‿ ist Zeichen einer einheitlichen Aussprache zweier Vocale im Ehstnischen.

Anmerk. Damit sind die Vocale der finnischen Sprachen noch nicht erschöpft. Mehrere gleiche Laute, die in den verschiedenen Sprachen verschieden geschrieben werden, habe ich unter gleiche Zeichen gebracht. Die Diphthonge, die zahlreich vorkommen, habe ich hier nicht angeführt.

§ 3. Consonanten.

k, g, gh.
h, vor k, t im Westfinn., im Ehstn. auch vor anderen Consonanten in der Firmation (Verstärkung) wie deutsches ch auszusprechen.
ch, im Ostjak. gleichlautend deutschem ch.
j.
ṅ, gutturales n.

t.
t̡, »ein eigenthümlicher Mokscha-Mordwin. Laut, der dadurch entsteht, dass der Druck der Zunge gegen die obere Zahnreihe länger fortdauert, als zur Hervorbringung eines einfachen t nöthig ist.« (Ahlqvist, Mokscha-Mordwin. Grammatik.)
th, englisch *th.*
d.
dh, gleich englisch weichem *th.*
t̡, d̡, eigenthümliche ostjakische Laute.
s, magyar. *sz.*
š, magyar. *s,* gleich deutsch *sch,* französisch *ch,* russisch ш.
z, gleich französisch *z,* deutsch *s* in Rose, russisch з.
ž, magyar. *zs,* gleich französisch *j,* russisch ж.
ts, c, magyar. *cz,* gleich deutsch *z,* russisch ц.
dz, ʒ, weiches *c.*
tš, č, magyar. *cs,* gleich deutsch *tsch,* russ. ч.
dž, ǯ, magyr. *ds,* gleich englisch *j.*
p, f, b.
v oder *w,* gleich deutsch *w.*
m, n, r, l.
' ist das Zeichen der Mouillirung, für welches zuweilen auch *j* oder *y* hinter dem Consonanten steht. Magyar. *gy=d+j, ly=l+j, ny=n+j, ty=t+j.*

Mit einem ˢ hinter einem Consonanten bezeichne ich die consonantische Länge im Ehstnischen (§ 9 ff.).

Anmerk. Auch die Consonanten der finn. Sprachen sind mit diesen Lautbezeichnungen nicht ganz erschöpft, und auch hier habe ich mehrere Cons., die in verschied. Sprachen gleiche Geltung, aber verschiedene Zeichen haben, mit einem Zeichen wiedergegeben.

§ 4. Bekannte Lautgesetze.
1. Vocalharmonie (siehe Eurén § 9 ff., Riedel § 18.).
2. Ausfall eines *a* und *ä* vor *i* (s. Eurén § 16.).
3. Verwandlung des *a* in *o* vor *i* (s. Eurén ibid.).
4. Ausfall des *e* vor *i* (s. Eurén § 23.).
5. Verkürzung des langen Vocals vor *i* (Eurén § 11.).

6. Uebergang des *s* in *h* (s. Boller Bd. 10, Seite 295, Thomsen Seite 25.).
7. Uebergang des *t* in *s* (s. Boller Bd. 10, S. 284.).
8. Dilution (s. Ahrens § 22 und Wiedemann, in dessen Darstellung ich manches vermisse *).

In Bezug auf die übrigen Lautverhältnisse verweise ich auf Boller (Band 10), Thomsen und die Grammatiken der einzelnen finn. Sprachen.

§ 5. **Epenthese des *i*.** In den westfinnischen Sprachen geht nicht selten das *i* der Endung in die vorhergehende Sylbe über; z. B. ehstn. (im südlichen fellinschen Kreise) *läits* (er ging) für *lätsi*, reval-ehstn. *läks* für *läksi;* s. fellin. *kaits* (zwei) für *katsi* (reval. *kaks* für *kaksi*); *kaih* (dorpt.) Gen. *kahjo*, reval. Nom. *kahju* (Schaden); *kail* (poet.) Gen. *kailu* (Felsen), reval. *kal'ju;* s. fellin. *pailu* (viel), aus *pal'ju* (reval.); livisch *käiž* (Hand) für *käži*, ehstn. *käzi*, sm. *küsi; veiž* (Wasser) ehstn. *wezi*, sm. *vesi;* suomi: *kolmais* neben *kolmasi* (der dritte); *onnetoin* für *onnetomi* neben *onneton* für *onnetom* für *onnetoma* (unglücklich); — vergleiche griechisch φέρεις für *φέρει-σι für *φέρε-σι (*bhara-si), κτείνω für κτείν-jω für *κτέν-jω (Schleicher, Comp. § 40).-

Dieses für die Erklärung der Suffixe nicht unwichtige Lautgesetz ist meines Wissens noch keiner eingehenderen Behandlung unterworfen worden.

Die Firmation im Ehstnischen, ihre Entstehung, Aussprache und Bezeichnung.

§ 6. In Bezug auf die Firmation (Verstärkung), deren Wesen ich unten durch Beispiele erklären werde, will ich auf mehrere interessante Erscheinungen in der ehstnischen Sprache aufmerksam machen, Erscheinungen, die für die historische Entwicklung dieser Sprache sehr wichtig sind, die aber von Anderen noch nicht erkannt, ja

---

*) S. Literarisches Centralblatt 1870. N. 4.

zum Theil nicht einmal bemerkt worden sind. Da die Firmation zur Erklärung der Casus und der zusammengezogenen Nomina und Verba, sowie für die Erkenntniss der historischen Entwicklung der verwandten Sprachen viel beiträgt, und ich durch sie zahlreiche Irrthümer zu beseitigen im Stande bin, gebe ich darüber einige Regeln.

§ 7. **Regel: Ist der Vocal der ersten Sylbe eines Wortes lang, und war der kurze Vocal der zweiten Sylbe früher durch Zusatz auch lang geworden, so ist jetzt der lange Vocal der ersten Sylbe firmirt, d. h. noch länger, als die gewöhnliche Länge, und der langgewordene Vocal der zweiten Sylbe wieder kurz.**

Ich bezeichne die gewöhnliche Länge des Vocals mit einem Strich, den firmirten Vocal ausserdem mit einem ˢ.

Beispiele: Illat. *sā͑ni* (in den Schlitten) für **sānii(n)*, Suomi *saaniin* aus *saani-hin*, Infinit. *sā͑ni* (Schlitten, den Schlitten) für **sānii* für **sānia*, sm. *saania* für **saani-ta*, aber der Genit. lautet *sāni*, sm. *saani-n;* Inf. *rū͑na* (den Wallach) für **rūnaa*, sm. *ruunaa*, St. *rūnaa;* *rū͑nan* (ich verschneide, castrire), sm. *ruunaan**); Inf. *lō͑ma* (Geschöpf, Thier) für **lōmaa*, Genit. und St. *lōma;* *wō͑ra* (des Fremden) für **wōraa*, sm. *vieraa-n* und *vieraha-n*, Nom. sing. *wōras*, sm. *vieras;* Illat. *mē͑le* (in den Sinn) für **mēlee*, sm. *mieleen* für *mielehen*, aber Genit. sing. *mēle*, weil hier nie ein langer Vocal im Auslaute war.

Anmerk. Ist der Vocal der ersten Sylbe des Stammes lang und der kurze Schlussvocal der zweiten Sylbe abgefallen, so ist der lange Vocal firmirt; z. B. *lā͑t* (Jahrmarkt), St. und Gen. *lāda;* *sā̊͑ń* (Schlitten) für **sāni*, sm. *saani*; *hā͑l* (Sorge), Stamm und Gen. *hōle*; *kū͑lma* hören) für **kūlema*, Imperat. *kūle* (höre); *kē͑lne* (mit der Zunge versehen), aber *kēleline* (gezüngelt) ; *sō̄re* (Nasenloch), aber Gen. *sō̊͑rme* für *sōreme*.

§ 8. **Regel: Ist in der ersten Sylbe eines Wortes ein Diphthong und war der kurze Vocal**

---

*) Auch die Firmation der Verba ziehe ich hier hinzu, um bei der Behandlung der Conjugation das Gesetz voraussetzen zu können.

der zweiten Sylbe durch Hinzuziehung eines
Vocals lang geworden, so ist der Diphthong
jetzt firmirt, d. h. länger und stärker betont
auszusprechen, und der lange Vocal wieder
kurz. Die Firmation der Diphthonge bezeichne ich mit
einem ՝ hinter dem zweiten Vocal des Diphthongs.

Beispiele: Illat. *sau͜ʿna* (in die Badestube) für
**saunaa(n)*, sm. *saunaan* oder *saunahan*, aber Gen. *sau͜na(-n)*,
sm. *sauna-n;* *oi͜ʿna* (des Hammels) für *oinaa, sm. *oinaa-n*
für *oinaha-n*, Nom. in beiden *oinas*, Nom. plur. ehstn.
oi͜na-d, sm. *oinaa-d* für *oinaha-d;* Illat. *sei͜ʿna* (in die
Wand) für *seinaa, sm. *seinaan*, aber ehstn. Gen. und
St. *sei͜na*, sm. *seina-n;* Infin. *lau͜ʿda* für *laudaa, sm.
lautaa (Tisch, Brett), aber ehstn. *lau͜da* (des Viehstalles).

Anmerk. Ist der Schlussvocal des Stammes abgefallen, so ist der
Diphthong gleichfalls firmirt, aber nicht mit so starker Betonung, wie in den obigen Fällen.

§ 9. Regel: Ist der erste Vocal eines Wortes kurz und folgen darauf die Doppelconsonanten *ll, mm, nn, ss* mit einem Vocal, so ist
jetzt, wenn früher der kurze Schlussvocal durch
einen Zusatz verlängert war, der erste dieser
beiden Consonanten firmirt, d. h. mit einem
längeren Verweilen der Stimme auf demselben auszusprechen, und der lange Vocal wieder kurz.

Diese Art der Firmation bezeichne ich mit einem ՝
hinter dem Doppelconsonanten.

Beispiele: 1. Infinit. *willʿa* (Wolle) für *willaa,
sm. *willaa* für *willa-a*, St. *willa*, Gen. *willa(-n)*, sm. Nom.
willa, Gen. *willa-n;* Infinit. *kellʿa* für *kellaa (Glocke)
Gen. *kella;* *tallʿa-n* (ich trete), sm. *tallaa-n*, ehstn.
tallʿa-ma (treten). Man spricht *tallʿa*, (tritt, Imperat.),
aber *talla* (der Sohle, Genit. sing.); geschrieben werden
sie beide gleich.

2. *Ammʼa* (die Schwiegermutter, Accus.) für **ämmua*. sm. *ämmää; mammʼa* (Getränk, in der Kindersprache), Gen. und St. *mamma;* Inf. *tammʼe* (Eiche) für **tammee* für **tammea*, sm. *tammea*, Gen. aber *tamme*, sm. *tamme-n*.

3. Illat. *linnʼa* (in die Stadt) für **linnaa(n)*, sm. *linnaan* für *linna-han;* Inf. *linnʼa* (die Stadt, Accus.), sm. *linnaa* für *linna-(t)a*, aber Gen. *linna*, sm. *linna-n;* Inf. *konnʼa* (den Frosch), sm. *konnaa* für *kona-(t)a*, Gen. *konna*, sm. *konna-n; winnʼa* (ich winde auf) für **winnaa-n*, sm. *winnaa-n*.

4. Infinit. *Kassʼi* (die Katze, Accus.), Gen. *kassi;* *müssʼa-n* (ich tobe, wüthe) für **mässaa-n*, sm. *müssään*, *müssʼa* (Imperat. sing.), aber *müssa*, Gen. sing. (des Getümmels, des Wirrwarrs).

§ 10. Regel: Ist der erste Vocal eines Wortes kurz und folgen darauf zwei Consonanten, von denen der erste *l, m, n, r, s, h* ist, mit einem Vocal, so ist, wenn früher der Schlussvocal durch einen Zusatz verlängert war, der erste dieser beiden Consonanten, also *l, m, n, r, s, h* firmirt, d. h. mit bedeutend längerer Dauer auszusprechen als sonst.

Ich bezeichne den firmirten Consonanten mit einem ʼ, könnte sie aber auch ebenso gut doppelt schreiben.

Anmerk. Vor *p, k, t* ist diese Firmation nicht so gut erkennbar, wenigstens nicht bei allen der genannten Consonanten; *l, r* lautet vor diesen harten Consonanten kurz und scharf, ebenso *n* vor *t, h* vor *t* und *k* hart, wie das firmirte *h =* deutschem *ch*.

1. Beispiele des firmirten *l*:

Infin. *kalʼsja* (Dünnbier), sm. *kaljaa*, aber Genit. *kalja(-n)*, sm. *kalja-n; kalʼda-n* (ich begiesse), sm. *kaltaa-n;* Illat. *wülʼja* (hinaus, wörtlich: auf das Feld), St. und Gen. *wülʼja* (des Feldes); *põlʼga-n* (ich verachte) für **polgaa-n*, aber ohne Firmation des *l* vor *g kolga* (des Winkels), *wülʼge* (Blitz); Inf. *tolʼmu* (Staub) für **tolmuu* für **tolmua*, Gen. aber *tolmu;* Illat. *silʼma* (in das Auge)

für *silmaa(n)*, sm. *silmüän* für *silmü-hän;* Inf. *põl˘we*
(Knie) für *põlwee für *polwea, sm. *polvea*, Gen. *põlwe,*
sm. *polve-n.*

2. Beispiele des firmirten *m*:
Gen. *lam˘ba* (des Schafes) für *lambaa, sm. *lampaa-n* für *lampaha-n*, Nom. plur. *lam˘ba-d*, sm. *lampaa-d*,
aber *m* ohne Firmation *lombi*, Gen. von *lǫm˘p* (Pfütze);
Inf. *ram˘ba* (die trächtige, Accus.) für *rambaa; tõm˘ba-n*
(ich ziehe), sm. *tempaa-n*, aber *m* ohne Firmation *tõmbi*,
von *tǫmp* (abgestutzt).

3. Beispiele des firmirten *n*:
Infinitiv *lin˘du* (den Vogel) für *linduu für *lindua,
sm. *lintua;* *kin˘da* für *kindaa (des Handschuhs), sm.
kintaa-n für *kintaha-n;* Gen. *an˘de* (des Gegebenen, des
Geschenkes), sm. *antee-n* für *antehe-n;* Inf. *wen˘da* (den
Bruder) für *wendaa, aber *n* ohne Firmation in *wända*,
Gen. von *wünt* (Kurbel, Lenker in der Sägemühle).

4. Beispiele des firmirten *r*:
Infin. *har˘ja* für *harjaa, sm. *harjaa*, aber Gen. *harja,*
sm. *harja-n*, von *hari* (die Bürste); *kor˘ja-n* (ich sammle)
für *korjaa-n, sm. *korjaa-n*; *kar˘dan* ich belege mit Tressen, aber *karda-n* ich fürchte; *sar˘ja-n* (ich siebe Korn)
für *sarjaa-n, *sar˘ja* (Imperat.), siebe, aber *sarja*, Gen.
von *sari*, Sieb zum Reinigen des Korns; *kar˘ga-n* (ich
springe), sm. *karkaa-n;* *kõr˘ge* (hoch) für *kõrgee, sm.
korkea für *korke-ta;* Illat. *kõr˘wa* (zur Seite, neben) für
korwaa(n), sm. *korvaan*, für *korva-han*, von *kõrw* (Ohr),
aber *kõrwa* (des Ohres), sm. *korva-n;* aber *r* ohne Firmation in *nurge* (winkelweise), *wõrge* (einfache, aus Seide
gedrehte Schnur).

5. Beispiele des firmirten *h* (deutschen *ch*):
Infinit. *oh˘ja* (Zügel, Accus.) für *ohjaa, sm. *ohjaa*,
Gen. *ohja*, sm. *ohja-n;* Illat. *ah˘jo* (dorpat., in den Ofen)
für *ahjoo(-n)*, sm. *ahjoon* für *ahjohon*, aber Gen. *ahjo,*

sm. *aljo-n;* ahˢ*ne* (des Gierigen), sm. *ahnee-n* für *ahnehe-n,* Nom. *ahne;* Illat. *tah*ˢ*ra* (in den Viehgarten), aber Gen. *tahra;* rahˢ*wa* (des Volkes) für **rahwaa,* sm. *rahwaa-n* für *rahwaha-n;* Gen. *pah*ˢ*ma* für **pahmaa, *pahma(h)a,* Nom. *pahmas* (zum Dreschen · ausgebreitete Getreideschicht); *peh*ˢ*me* (weich) für **pehmee, *pehmea,* sm. *pehmiä* und *pehmeä* für **pehme-tä.*

6. Beispiele des firmirten *s*:

Gen. *kas*ˢ*te* für **kastee,* sm. *kastee-n,* Nom. *kaste* (Thau), sm. *kaste; kas*ˢ*ta* für **kastaa,* sm. *kastaa* (eintauchen), aber *kasta-n,* sm. *kasta-n* (ich tauche ein); *kas*ˢ*wa* für **kaswaa* (wachsen, zunehmen), aber *kaswa-n,* sm. *kasva-n* (ich nehme zu); Inf. *kas*ˢ*ke* (Birke) für **kaskee* für **kaskea,* sm. *kaskea; ras*ˢ*ke* (schwer) muss auf **raskee* zurückgehen; Inf. *ras*ˢ*wa* (Fett), aber Gen. *raswa* oder *razwa,* sm. Infin. *rasvaa;* Infin. *as*ˢ*ja* (Sache) für **asjaa,* vom Stamm *asja.*

Anmerk. Das firmirte *s* ist der stärkste, dauerhafteste S-Laut, da unfirmirtes *s* fast gleich z (weiches *s*).

§ 11. Regel: Vor *s* wird *t, k, p* firmirt, wenn ein langer Vocal früher die zweite Sylbe schloss.

1. Beispiele des firmirten *t*:

Illat. *ot*ˢ*sa* für **otsaa* für **otsaa-n,* Nom. *ots* (Ende), Gen. und St. *otsa;* Illat. adverbial, bedeutet zu Ende, ans Ende, an, auf, z. B. *āsta ot*ˢ*sa* (das Jahr bis zu Ende, das ganze Jahr hindurch); *kuhja ot*ˢ*sa* (auf den Haufen); *ot*ˢ*si* (suchen) für **otsii* für **otsia* für **otsida;* Gen. *kit*ˢ*sa* für **kitsaa,* sm. *kitsaa-n,* Nom. *kitsas* (eng, schmal); aber die schwächste Stufe dieses consonantischen Diphthongen lautet *dz,* z. B. dorpt. *kidzi* (geizig), *udzu* (feiner Regen, Nebel).

2. Beispiele des firmirten *k*:

Inf. *ok*ˢ*sa* für **oksaa,* sm. *oksaa,* Illat. *ok*ˢ*sa* für **oksaa, *oksaa(n),* sm. *oksaan* (an den Zweig), Nom. *oks*

(Zweig), Gen. und St. *oksa;* Inf. *pakʿsu* (den dicken) für **paksuu,* **paksua,* Gen. *paksu,* Nom. *paks* (dick).

3. **Beispiele des firmirten *p*:**
Inf. *kopʿsu* (Lunge) für *kopsuu für **kopsua,* St. und Gen. *kopsu; näpʿsa-n* (klapse, schlage, schnappe), aber *näpsata-ma* (klapsen lassen).

§ 12. Regel: Ist der erste Vocal des Stammes kurz und folgt darauf *k, p* oder *t* mit einem kurzen Vocal, so ist, wenn früher der Schlussvocal durch einen Zusatz verlängert war, jetzt *k, p, t* des Stammes firmirt.

Beispiele: Illat. *kokʿo* (dorpt.) für **kokoo,* sm. *kokoon* (zusammen), von *kogo* für **koko,* sm. *koko* (Versammlung, Haufe, Menge); Inf. *lokʿu* (Klopfbrett) für **lokuu,* **lokua,* aber Gen. *loku;* Gen. *lükʿe* für **lükee,* Nom. *lüke* (Stoss); Illat. *apʿi* (zu Hülfe) für **apii,* sm. *apiin,* sm. St. und Nom. *api,* ehstn. Nom. *abi* (Hülfe); *tapʿa* (schlagen, tödten) für *tapʿaa* für **tapaa,* sm. *tappaa,* aber *tapa-n,* sm. *tapa-n* (ich schlage), dorpt. ehstn. Imper. *tapa,* aber Inf. *tapʿa;* Illat. *kätʿe* (in die Hand) für **kütee,* sm. *küteen,* St. *küte,* Nom. *küsi* (die Hand); Gen. *katʿe* für **katee,* sm. *katee-n* für *katehe-n,* Nom. *kate,* sm. *kate-t* und *kate'* (Decke, Hülle); *wõtʿa* für *wotʿaa für **wotaa,* sm. *ottaa* (nehmen); *sõtʿa* (in den Krieg) für **sõtʿaa,* **sotaa,* sm. *sottaa-n,* von *sota* (Krieg).

§ 13. An Stelle der Mediae *b, d, g* in den Formen ohne Firmation kommen in den Formen, welche die Firmation erfordern, die Tenues *p, t, k* vor.

Beispiele: *warbe* (Krippe), Gen. *warpe* für *warpee oder **warbee; tõbras* (Vieh), Gen. *tõpra für *tõpra(h)a* oder *tõbra(h)a; waldas* (Brunnenschwengel), Gen. *walta* oder *walʿta* für **walta(h)a* oder **walda(h)a; wõrge* (Band), Gen. *wõrke* für *wõrke(h)e* oder *wõrge(h)e; kõlgas* (Kurzstroh), Gen. *kõlka* für **kõlka(h)a* oder **kõlga(h)a.*

§ 14. Im Revalehstnischen werden *m, n, l, r, w, h* nach kurzen Vocalen der ersten Sylbe nicht firmirt, obgleich ein schliessender langer Vocal es erfordert hat; wohl aber werden sie im Werroehstnischen gemäss dem Firmationsgesetze firmirt.

Beispiele: Inf. *himʻo* (dorpat.), St. Nom. und Gen. *himo* (Begierde) für **himoo* für **himoa*, sm. Nom. *himo*, Inf. *himoa;* Inf. *sōnʻa*, von *sōna* (das Wort), reval. *sana* im Nom., Gen. und Inf., sm. *sanaa*, Nom. *sana;* Inf. *külʻü* für **külüü*, reval. *küla* im Nom., Gen. und Inf.; Gen. *perʻe* für **peree*, sm. *peree-n* für *perehe-n*, reval. Nom., Gen. und Inf. *pere;* Inf. *kiwʻi* für **kiwii*, sm. *kivea*, reval. *kiwi* im Nom., G. und Inf.; Inf. *rahʻa* für *rahaa*, sm. *rahaa*, rev. *raha* (Geld) im Nom., Gen. und Inf.

Anmerk. Die veränderte Aussprache, die mit unsern Gesetzen in den §§ 12 und 14 zusammenhängt, hat Wiedemann gemerkt und bezeichnet, indem er die einfachen Consonanten verdoppelt.

§ 15. Das Grundgesetz der Firmation ist folgendes: Der Ton der dritten Sylbe, oder der Nebenton eines dreisylbigen Wortes, ist, nach Ausfall ihres Consonanten und nach Verkürzung des dadurch entstandenen langen Vocals, allmählig ganz auf die erste Sylbe, die Trägerin des Hauptons jedes Wortes, übergegangen und hat jeden langen Vocal und Diphthongen und die Consonanten nach oben angegebener Weise noch um eine Lautstufe verstärkt.

Das Volk ist sich dieser Verstärkung wohl bewusst und wendet sie, sobald der Gedanke es erfordert, stets an. Da dem aber in der That so ist, und dieses Gesetz das innerste Wesen der Sprache betrifft, so ist es ein entschiedener Mangel, dass es nicht erkannt ist und wichtige lautliche Veränderungen ohne Bezeichnung geblieben sind. Dieser Mangel kann aber beseitigt werden, wenn man auf die Aussprache des Volkes lauscht und die stärker ausgesprochenen Laute mit besonderen Zeichen versieht, etwa in der Weise, wie ich es versucht habe.

§ 16. Wir wollen nun sehen, was Wiedemann in der werroehstnischen Grammatik über die Firmation lehrt. Dort heisst es § 2:

»*e, o, ö, ō* nehmen, wenn der schwere Ton darauf fällt, eine eigenthümliche Modification in der Aussprache an, welche wir bezeichnen: *é* (zwischen *e* und *i*), *ó* (zwischen *o* und *u*), *ö́* (zwischen *ö* und *ü*), *ō̈* (zwischen *ō* und *ü*), z. B. *mêl*, Gen. *mēle*, *sól*, Gen. *sōla*, *lôw*, Gen. *lōwi*, *sôrd*, Gen. *sōru*. Eine analoge Modification kommt bei den übrigen langen Vocalen nicht vor.«

Was Wiedemann hier über die Aussprache der Vocale *é, ó, ö́* und *ō̈* angibt, damit stimme ich vollkommen überein, bestreite aber den Schlusssatz. Auch das lange *a, ä, i* und *u* haben, wenn der schwere Ton darauf fällt, eine deutlich von der gewöhnlichen Länge zu unterscheidende Aussprache; nur werden sie durch die Länge, die der schwere Ton verursacht, nicht unrein, wie dies bei den vorhin genannten Vocalen neben der Länge der Fall ist. Das lange *a* in *sāni* in den Schlitten, unterscheidet sich wesentlich von dem langen *a* in *sāni* des Schlittens, und ich schreibe daher auch ersteres *sāʽni* (s. § 7). Die Länge aller firmirten Vocale ist gleich. Es darf also nicht bloss ein Theil derselben mit einem Firmationszeichen versehen werden, sondern dasselbe muss bei allen durchweg gesetzt werden. Dass einige Vocale durch die Firmation unrein werden, ist wieder eine andere Sache. Schreibt also Wiedemann den Genit. von *hōne* (das Gebäude) *hône**), so muss er auch *sáni* (in den Schlitten) und nicht *sāni* schreiben, oder er muss sagen, dass ˄ nicht Firmationszeichen, sondern das des unreinen langen Vocals ist.

Wiedemann lehrt § 11, S. 14: »Der schwere Accent,

---

* § 33 der werroehst. Gr. (»mit Firmation«.

oder der mit der Vocallänge zusammentreffende Hauptaccent des Wortes hat auch Einfluss auf die Qualität des Vocals. Wenn die Sylbe zugleich mit einem oder zwei Consonanten geschlossen ist (schwere Sylbe), so bekommen *e, o, ö* und *õ* den eigenthümlichen Laut, welcher oben durch *é, ó, ö́* und *ó̃* bezeichnet ist; wird aber in der Flexion der Schlussvocal zur folgenden Sylbe gezogen, so tritt *ē, ō, ȫ, ȭ*, ein, z. B. *mêl', mêlt*, aber *mēle, jŏt* und *jōdu, sŏt* und *sōdu, sŏrd* und *sōru*.

Abgesehen davon, dass hier die durch denselben Einfluss in derselben Lage veränderten langen Vocale *ā, ǟ, ī, ū* nicht berücksichtigt sind, umfasst diese Darlegung zu wenig. Wiedemann selbst schreibt ja auch *jŏtu* (Acc.), Gen. *jōdu* und *wŏra*, Gen. von *wōras*.

Wie soll die modificirte Aussprache, ihre Entstehung und ihr Aufhören erklärt werden? Woher kommt denn der schwere Ton auf das *ō* im Gen. von *wōras*? Dies lässt sich schlechterdings nur auf die von mir angegebene Weise erklären.

Was die firmirten Diphthonge betrifft, so spricht Wiedemann blos von einer stärkeren Betonung*), und setzt dafür kein besonderes Zeichen. Er schreibt *oina*, Gen. von *oinas* (Hammel) und *taiwa*, Gen. von *taiwas* (Himmel); es muss aber *oi˘na* und *tai˘wa* geschrieben werden, denn das *oi* wird in *oi˘na* länger ausgesprochen, als in *oinas* und nicht blos stärker betont.

Was die firmirten Consonanten anlangt, so setzt Wiedemann für diejenigen der §§ 9, 10, 11 kein besonderes Zeichen, weder in dem Wörterbuch, noch in der werroehstnischen Grammatik; er spricht in letzterer blos von einer stärkeren Betonung und nicht von einer Firmation. Er behandelt z. B. die dort angeführten Illative und Infinitive ebenso wie die Genitive. (Vergl. 22, 3 meiner Untersuchungen.) Er schreibt *wenda* (den Bruder) und *wünda* (der Kurbel), *kardan* (ich fürchte) und *kar*-

---
*) Werroehst. Gramm. § 30.

dan (ich überziehe etwas mit Blech), obgleich das *n* in *wenda* wie ein doppeltes *n* und *r* in *kardan* (ich überziehe mit Blech) wie ein doppeltes *r* lautet. Er sagt, dass die Firmation hier nicht eintreten könne und nur die stärkere Betonung übrig bleibe. Wie er aber das firmirte *k*, *p*, *t* durch Verdoppelung ausdrückt, so ist auch bei obigen Beispielen eine Bezeichnung der Firmation nöthig. —

Ahrens hat die firmirte Aussprache derjenigen Wörter, die ich in den §§ 7—11 angeführt habe, nicht gekannt. Er hält z. B. die dort angegebenen Infinitive und Illative für »gleichlautend« mit den Genitiven. (Vergl. § 21, 2 und 6 meiner Untersuchungen.) Diese Firmationsgesetze sind Ahrens vollkommen entgangen.

§ 17. Fählmann hat die verstärkte Aussprache des *s* vor *j* richtig bemerkt und bezeichnet. Er schreibt z. B. *assju* Infin. plur. von *asi*, Sache (entstanden aus *asjo*, *asjo-(j)-a* vom Stamme *asja*). Er schreibt aber *sarju* (vom Stamme *sarja*, Nom. *sari*, Kornsieb), nicht *sarrju*, wie er consequenter Weise hätte schreiben müssen; auch weiss er von den firmirten Vocalen nichts.

§ 18. Wiedemann theilt in der livischen Grammatik bei Besprechung der livischen Laute folgendes mit: Es sei in »Tallorahwa postimees« (1858, N. 4) darauf aufmerksam gemacht worden, dass »von den Genitiven *Jani*, *sola*, *koli*, *loma*« (sprich *Jāni*, *sōla*, *kōli*, *lōma*) »der Infinitiv durch noch stärkere Dehnung der ersten Sylbe zu unterscheiden sei, *Jaani*, *soola*, *kooli*, *looma*« (sprich *Jā'ni*, *sō'la*, *kó'li*, *lö'ma*) »und von *wil* oder *lin*« (sprich *will*, *linn*) »der Infinitiv *willa*, *linna*« (sprich *will'a*, *linn'a*) »von dem Genitiv (*willa*, *linna*) durch längeres Verweilen auf der Liquida, etwa *will-la*, *linn-na*.«

Der Schreiber des Artikels in »Tallorahwa postimees« hat also vollkommen dieselbe Beobachtung gemacht wie ich in § 7 und 9, und es gereicht mir zur Genugthuung, meine obigen Behauptungen nicht allein zu vertreten.

Hierzu bemerkt Wiedemann: »So wenig ich auch

sonst den am angeführten Orte des »Postimees« befindlichen Aufsatz möchte geschrieben haben, so muss ich doch der hier daraus angeführten Bemerkung beipflichten, und es wäre gut, wenn Kenner der Sprache darauf achteten, ob diese Sprechweise unter den Ehsten allgemein ist; so viel ist indessen gewiss, dass man auch im Ehstnischen für diese Unterschiede eine Bezeichnung bisher weder versucht noch vermisst hat.« Ich vermisse sie allerdings sehr! Warum bezeichnet denn Wiedemann die langen Vocale zum Unterschiede von den kurzen? Sowie dies nöthig war, ebenso ist auch da, wo der Unterschied des Infinitivs vom Genitiv in einer noch längeren Aussprache der langen Vocale besteht, ein Zeichen durchaus nothwendig.

Mit einer sporadischen Bezeichnung und einzelnen Bemerkungen kommen wir hier nicht aus, da wir es mit einem durchgreifenden Gesetze zu thun haben, und die Erkenntniss dieses Gesetzes ist es, was ich in der Darstellung Wiedemann's sowie aller andern Grammatiker vermisse.

Anmerk. Im Livischen ist, wie im Ehstnischen eine Firmation vorhanden: sie wird aber von Sjögren und Wiedemann nicht immer berücksichtigt. In § 7 der livischen Grammatik wird gelehrt: »In der Dehnung der Vocale unterscheiden die Liven noch zwei Stufen. Sie unterscheiden z. B. *pilÿb* (von *pil*) und *piń* durch grössere Länge des *i* von *pilÿb* (von *pill*) und *pīn*. Etwas ganz Aehnliches ist noch, dass sie auch in den Liquiden, welche einer continuirlichen Aussprache, d. h. eines Verweilens der Stimme nicht auf dem Vocal der Sylbe, sondern auf dem Consonanten selbst, besonders fähig sind, eine grössere und geringere Länge unterscheiden, z. B. bei *bul'l'ÿ* (von *bul'l'*, pl. *būlid)* länger auf dem *l'* verweilen, als bei *bul'l'ÿ* (von *bul'* pl. *bulid)*, etwa wie wir im Deutschen durch die Aussprache ‚hart' und ‚schalt' von ‚harrt' und ‚schallt' unterscheiden.«

Livisch *piń* (klemmen, peinigen) lautet im Ehstnischen *piˢna* für **pīnaa* in *pīˑna-ma* (quälen, peinigen), sm. *piinaa-n*, ehstn. *piˢna-n* (ich quäle); es muss also auch im Livischen *piˢńÿ-b* und nicht *pińÿ-b* geschrieben werden, denn es geht zurück auf **pi- ńÿÿ-b*. Livisch *pin, pīnÿ-b*, sal. *pēn, pēnu-b* (flechten, ich flechte) geht auf sm. *paina-*, erste Person Ind. Pr. *paina-n* (ich drücke, biege) zurück. Es würde auch in *pin* (flechten) das *ī* wie *i*ˢ, also wie in *piń* zu sprechen sein, wenn es auf **pīnaa* zurückginge.

Der Infinitiv *bul'l'ÿ* (*den Bullen*) steht für **bullÿÿ*, ist also zu schreiben *bul'l*ˢ*ÿ*, weil im Stamme *ll* ist; der Inf. *bul'l'ÿ* aber (Nom. *bul*', Wasserblase) steht für **bulÿÿ*, hat also *l* im Stamme, das blos in der Firmation verdoppelt ist.

Wie oben *bul'l*ˢ*ÿ*, so muss auch sal. *pal'l*ˢ*e-d* (die Nackten) geschrieben werden, denn es ist aus **paljaa-d* entstanden, sm. *paljaa-d* aus *paljaha-d*, dorpt.-ehstn. *pal'l*ˢ*a-d* für **paljaa-d*; ebenso muss es lauten sal. *kin*ˢ*dad* = ehstn. *kin*ˢ*dad*, sm. *kintaa-d* (Handschuhe).

Auch fürs Livische müssten also die Gesetze der Firmation ganz scharf und besimmt aufgestellt werden, und in der Schrift wäre die so überaus wichtige Lautveränderung consequent anzudeuten.

Declination der zweisylbigen vocalisch auslautenden Stämme in den westfinnischen Sprachen.

§ 19. In der folgenden Tabelle gebe ich eine Uebersicht der Declination der zweisylbigen vocalisch auslautenden Stämme in den westfinnischen Sprachen, um die Stämme, die Anfügung der Casusendungen, so wie deren Form und Veränderung dem Leser zur vorläufigen Orientirung vor Augen zu führen.

Dann werde ich Einiges zu erklären versuchen und zugleich zeigen, zu welchen Irrthümern die finnischen Grammatiker gekommen sind, indem sie den einen Casus von dem anderen und nicht alle von einem gemeinsamen Stamme abgeleitet haben. Die Anordnung und die Benennungen der Casus lasse ich hier so, wie sie in den jetzigen Grammatiken gebräuchlich sind.

Singular.	Suomi.	Ehstnisch.	Livisch.	Wotisch.	Wepsisch.
Nomin.	talo, der Bauerhof	silm, das Auge	jada, die Reihe	sõrmi, d. Finger	kala, der Fisch
Infinitiv	talo-a, Bauerhof	silᵇma, Auge	jaddṷ, Reihe	sõrme-a, Finger	kala-d, Fisch
Genit.	talo-n, des Bauerhofs	silma, des Auges	jada	sõrmē-'	kalu-n
Inessiv	talo-ssa im Bauerhofe	silma-s, im Auge	jadā-s,	sõrme-za	kala-s
Elativ	talo-sta [1]), aus dem B.	silma-st, aus dem A.	jadā-st,	sõrme-ssa	kala-s(t)
Illativ	talo-hon, in den B.	sil'ma, in das Auge.	jaddṷ	sõrmē-se	kala-ha
Adessiv	talo-lla, bei dem B.	silma-l, an dem A.	jadā-n (Dat., od. -l, -lõ)	sõrme-la	kalu-l
Ablativ	talo-lta [2]), von dem B.	silma-lt, von dem A.		sõrme-lla	kalal-(t)
Allativ	talo-lle, zu dem B.	silma-le, zu dem A.	merrṷ-l oder -lõ auf das Meer [3])	sõrme-le	kala-le
Abessiv	talo-tta, ohne B.	silma-ta, ohne Auge, blind.		sõrme-tta	kala-ta
Prolativ	talo-tse, längs dem B.				
Factiv	talo-ksi, zum B.	silma-ks, zu einem Auge	pulverõ-ks, zu Pulver (stossen).	sõrme-ksi	kala-ks
Essiv	talo-na, als Bauerhof	silma-na, als Auge			
Comitativ	talo-ne, mit dem B.	silma-ga, mit d. A.		sõrme-na	kala-nn
Instructiv	talo-n, durch den B.		jadā-ks, mit der R.		

1) D. h. aus dem Innern des Bauerhofes.
2) D. h. von der äussersten Grenze, der Umgebung des Bauerhofes.
3) Im salischen Dialekt lautet der Adessiv und Allativ auf -l, der Abessiv auf -lt.

20

Plural.	Suomi.	Ehstnisch.	Livisch.	Wotisch.	Wepsisch.
Nomin.	talo-t, die Bauerhöfe	silmä-d, die Augen	jadā-d, die Reihen	sõrme-t, die Finger	kala-d, die Fische
Infin.	talo-j-a, Bauerhöfe	sil'm-i, Augen	jad-i-di, Reihen	sõrm-i-ta, Finger	kalō-i-d, Fische
Genit.	talo-j-e-n, talo-i-n	silma-de	jadā-d	sõrme-j-ē-	kalō-i-d'e
Iness.	talo-i-ssa	silm-i-s	jad-ī-s	sõrme-i-za	kalō-i-s
Elat.	talo-i-sta	silma-de-st	jad-ī-st	sõrme-i-ssa	
Illat.	talo-i-hin	sil'm-i	jad-ī-s	sõrme-i-sī	kalō-i-he
Adess.	talo-i-lla	silm-i-l,	jadā-dẓ-n (Dat.)	sõrme-i-la	kalō-i-l
Ablet.	talo-i-lta	silm-i-lt		sõrme-i-lta	kalō-i-l
Allat.	talo-i-lle	silm-i-le	ımis-te-l, (Adess. und All., sal.)	sõrme-i-le	kalō-i-le
Abess.	talo-i-tta	silm-i-ta		sõrme-i-tta	kalō-i-ta
Prolat.	talo-i-tse, längs den B.				
Fact.	talo-i-ksi	silm-i-ks		sõrme-i-ksi	kalō-i-ks
Essiv	talo-i-na			sõrme-i-na	kalō-i-nn (oder -n)
Comit.	talo-i-ne				
Instruct.	talo-i-n	silma-de-ga, m. A.	jadā-dẓ-ks, mit d. R.		

§ 20. Im Suomi sind die Bestandtheile der Casusformen wegen der guten Erhaltung der Sprache im Wesentlichen bereits richtig erkannt; daher werde ich hier weiter nichts anführen. Denn wenn Eurén (§ 8) von Bindeconsonanten, Bindevocalen und Bindesylben redet, so brauche ich ihn wohl nicht weitläufig zu widerlegen. Es ist dies ein ganz und gar willkürliches Verfahren.

§ 21. Was die Bildung der Casus nach Ahrens betrifft, so sind seine Bestimmungen darüber in vieler Beziehung so unwissenschaftlich, dass ich namentlich diesen Theil seiner Grammatik geradezu umarbeiten müsste. Ahrens leitet die Casus nicht vom Stamme, sondern stets den einen vom andern ab. Man sehe seine Ableitungsgesetze in § 55 seiner Grammatik. Er behauptet, dass Casus gleich lauten, wo es durchaus nicht der Fall ist; er und Andere schreiben sie blos gleich. Um das Verwerfliche einer solchen Methode zu zeigen, führe ich vorläufig einige Beispiele schon hier an.

1) Das ursprüngliche Genitiv-Suffix -*n* ist im Ehstnischen abgefallen und blos die Stammauslaute *a, e, i, u* sind erhalten; z. B. *linna* für **linna-n*, *sāni* (des Schlittens) für **sāni-n*, *järwe* (des Sees) für **järwe-n*. Ahrens hält nun diese Stammauslaute für »Endungen« und sagt, dass der Genitiv sie »annehme«. Er bezeichnet diesen Casus und auch andere, welche ihr ursprüngliches Suffix verloren haben, mit dem Ausdruck »Flexivcasus« (§ 52 ff.), im Gegensatz zu den »Suffixivcasus«, d. h. solchen, in denen die alten Endungen noch erhalten sind. Meine Untersuchungen werden später noch hinreichend zeigen, dass eine solche Auffassung ganz und gar willkürlich ist und der historischen Entwicklung der Sprache stracks zuwiderläuft.

2) Im Infinitiv ist das *t* des ursprünglichen Suffixes -*ta* zwischen seinem Schluss-*a* und dem vocalischen Stammesauslaute ausgefallen, wodurch ein langer Vocal im Stammesauslaute entstand, woraus dann später die Firmation im Stamme hervorging, die sehr oft allein den

Unterschied des Infinitivs vom Genitiv ausmacht; z. B. *linn'a* für *'linnaa*, sm. *linnaa* für **linna-ta ; jär'we* (oder *järwee*) für *'järwee*, *'järwea*, sm. *järweä* für **järwe-tä* (§§ 9, 10). Ahrens aber hält diese Art des Infinitivs für gleich mit dem Genitiv, indem ihn der gleiche Stammauslaut, den er wie beim Genitiv für Endung ansieht, bei Unkenntniss der Firmation, irreleitete.

3) Vom Stamme *käte* (oder *käde* Hand) lautet der Infin. *kätt* aus *küt-t* für **küt-tä*, sm. *kättä*, der Nom. sing. *käzi* für *käsi* für *'käti* (*t* geht vor *i* gewöhnlich in *s* über). Ahrens aber schreibt *küt* und sagt (§ 78), dass der Infin. im Sing. die Endung *t* an die Stelle des Stammconsonanten *s* setze.

Wie die Erklärung dieses Stammes und des aus ihm gebildeten Infinitivs bei Ahrens grundfalsch ist, so auch die der ganzen zweiten Classe der zweiten Declination.

4) Vom Stamme **köide* oder **köite* lautet der Infin. *köitt* (*köit*) für **köit(e)-ta*, Nomin. sing. *köiź* oder *köiś* (*s* aus *t*). Ahrens aber lehrt § 77, dass das *t* im Infin. an Stelle des *s* gesetzt sei.

5) Ueber den Infinitiv Pluralis glaube ich hier schon die Bemerkung machen zu müssen, dass, wo derselbe auf *u* auslautet, dieses *u* (dorpt. *o*) aus *a* entstanden ist. Vor dem *i* des Plurals geht nämlich der Stammauslaut *a*, wenn in der ersten Sylbe nicht *o* oder *a* steht, in *o* über (Eurén § 16). Im jetzigen Ehstnischen ist das Pluralsuffix *i* (*j*), wie das darauffolgende *a* abgefallen, nachdem das *t* schon früher verloren war; so lautet *kanu* (Hühner) im Suomi *kano-j-a* für **kano-i-ta* in den ehstn. Volksliedern gleichfalls *kanoja*, z. B. *kuTT otsib küla kanoja* (der Habicht sucht des Dorfes Hühner). Das *j* ist ausgefallen und dann hat das *a* dem *o* sich assimilirt. Wo der Stamm die Firmation annehmen kann, da tritt sie ein, z. B. vom Stamm *karwa* (Haar) Nom. *karw*, lautet der Infin. plur. *kar'wu*, dorpt. *kar'wo* für *'karwoo* für *'karwo(j)a*. An eine Endung *u*, von der Ahrens im § 67 redet, ist bei diesen Stämmen also gar nicht zu denken. Das eigent-

liche Merkmal dieses Casus liegt in der Firmation des Stammes, deren Zeichen fast allen den zahlreichen Wörtern, die Ahrens beispielsweise im § 67 und sonst anführt, hinzuzufügen ist. Das Nähere zur Erklärung dieses Casus, den Fählmann § 24 »das eigentliche Schiboleth der ehstnischen Sprache, die schwierigste Form der ganzen Formenlehre« nennt, werde ich in der speciellen Untersuchung über die t-Casus bringen.

6) Die alte Endung des Illativs h-n (s-n) ist bei unsern Stämmen im Ehstnischen in ihrer vollen Form nicht mehr zu finden, indem schliessendes n ab- und h ausfiel, zum Ersatz aber die Firmation (s. §§ 7—12) eingetreten ist; z. B. *linn‘a* für *linnaa*, sm. *linnaan* und *linnahan; sā‘ni* (in den Schlitten) für **sanii*, sm. *saaniin, saanihin*. Ahrens behauptet nun, durch die Gleichheit der Form getäuscht, § 103: »Hier dient der Indefinitiv zugleich als Illativ«, und leitet sogar alle Illative von den Infinitiven ab; wir haben aber gesehen, dass sie ursprünglich sich auch formell unterschieden.

Einen besonders starken Fehler macht er mit der Ableitung des Illat. vom Infin. im § 104. Er behandelt da die Illative derjenigen Wörter, deren Infinitive noch das t bewahrt haben, und lehrt, dass dem Infin. auf t ein e »angehängt« und das t dann elidirt sei. Vom St. *mēle* (Sinn) lautet der Infin. *mē‘l-t*, vom St. *jūre* (Wurzel), *jū‘r-t*, und der Illat. *mē‘le* für **mēlee*, sm. *mieleen* und *mielehen*, *jū‘re* für **jūree*, sm. *juureen*. Ahrens aber sagt (§ 104, J. 1.): »Elision des t, bei Wörtern, die nicht auf s enden: *keele, meele, poole, tuule, ääre, juure, suure* etc., d. h. der Illativ ist dem Relativ gleichlautend.« Erstens ist das t hier nie vorhanden gewesen, konnte also nicht elidirt werden, und zweitens ist der Illativ dem Relativ nicht gleichlautend, sondern der Stammvocal ist beim Illativ firmirt, im Relativ aber nicht firmirt.

Weiter lesen wir bei Ahrens (§ 104, I. 2): »Emollition des t bei Wörtern, welche auf s enden: *köide, pöide, tüide, körde*« etc. Das d gehört hier zum Stamme, z. B.

sm. *täyte-*, und das *e* ist Stammauslaut, das Illativsuffix ist abgefallen. Der Nom. sing. lautet *kö̱is̄* oder *kö̱iz̄* (Strick), *pö̱is̄* oder *pö̱iz̄* (Blase) *tä̱is̄* oder *tä̱iz̄* (voll), *kõrs̄* (Halm), wo *s* (z) aus *t* erweicht ist. Die Genitive lauten *köie*, *põie*, *täie*, wo das *d* des Stammes ausgefallen, und *körre*, wo es dem *r* assimilirt ist.

7) Das Essivsuffix *-na* wird an den Stamm gefügt. Ahrens aber spricht im § 101 folgende Ansicht aus: »Das Suffix *na* wird an den Indefinitiv gefügt, wenn dieser auf einen Vocal endigt, sonst aber an den Relativ. Nur die Wörter der zweiten Declination auf *s* machen eine Ausnahme, indem sie das *t* des Infinitivs in *de* verwandeln und daran *na* hängen. Z. B. erste Declination *nahka-na, leske-na, kuhja-na, kala-na.* — Zweite Declination *noorena, lapse-na;* aber *täidena, kordena, lumena.*« Von dem Stamme *nahka* (Haut, Leder) ist nämlich das *k* im Gen. ausgefallen, vom St. *leske-* (Wittwe) gleichfalls, im Infin. aber erhalten, daher dem Essiv der scheinbare Infin. zu Grunde liegt, was Ahrens irreleitete. Dass das *de* in *täide* etc. mit dem *t* des Infinitivs nichts zu thun hat, ist bereits oben gesagt.

§ 22. Die Auffassung und Methode Wiedemann's in der werroehstn. Grammatik ist der von Ahrens im Ganzen gleich. Auch er leitet die Casus von einander und nicht von einem ihnen allen gemeinsamen Stamme ab, obgleich seine Grammatik schon manche Vorzüge hat.

1) Nach Wiedemann (§ 15) werden die Suffixe ohne Ausnahme im Sing. an den Gen. angehängt. Dies ist insofern richtig, als im Gen. sing. nach Abfall des Suffixes *-n* der Stamm gewöhnlich erhalten ist, jedoch nicht immer, so dass jene Regel nicht stichhaltig ist. Weiter unten sagt Wiedemann, dass man, um richtig decliniren zu können, den Nom. sing. als die Grundform und ausserdem den Gen. sing., den Infin. sing. und den Infin. plur. wissen müsse. Ich meine aber, um richtig decliniren zu können, muss man den Stamm wissen.

2) Ueber den Gen. sing. der I. Classe (§ 16) lehrt

Wiedemann folgendes: »Einsylbige Wörter, im Genitiv einen andern Vocal annehmend.« Vom historischen Standpunkte aus müsste es heissen: Zweisylbige Wörter, die im Nom. sing. den Schlussvocal verloren haben und einsylbig geworden sind.

3) Wie im Infin. und Illat. sing. der grösste Theil meiner Firmationsgesetze Ahrens widerlegt, so sprechen dieselben auch häufig gegen Wiedemann. Anstatt das Schwinden der Endungen und das Eintreten der Firmation zu erklären, spricht derselbe meist bloss von einer stärkeren Betonung des Infinitivs und bezeichnet diese nicht einmal. So schreibt z. B. Wiedemann den Infin. *tamm‘e* (für *tammee* für *tammea*, Eiche), während schon der Genit. *tamme* lautet. Dasselbe gilt von den Infinitiven *will’a* (Wolle), *här‘ma* (oder *härrma*, Reif), *wi‘zo* (Bastschuh), welche Wiedemann *willa*, *härma*, *wizo* schreibt, während schon deren Genitive so lauten.

4) Der Infin. vom Stamme *kõrte*, sm. *korte*, Genit. *kõrre*, sm. *korre* für *korte*, Nom. *kõrź*, sm. *korsi* aus *korti* (Halm), lautet *kõrt* für *kort(e)t*, indem *e* vor dem *t* des Infin. abfiel. Der Infin. pl. lautet *kõr‘zi* für *korsii* für *kort(e)-i-(t)a*, sm. *korsia* für *kort(e)-i-(t)a*. Auch der Genit. pl. lautet dem Infin. pl. gleich, indem das ursprüngliche Suffix abfiel. Dagegen charakterisirt Wiedemann in § 24 die Classe IX mit folgenden Worten: »Einsylbige Wörter auf *z*, welche im Genitiv ein *e* annehmen, im Infin. das *z* in *t* verwandeln; Genit. und Infin. des Plurals behalten das *z* und endigen auf *i*«. Im Genit. sing. hat sich nach Wiedemann das *z* dem *r* assimilirt; in der That hat sich aber nicht *z*, sondern bereits das ursprüngliche *d* oder *t* dem *r* assimilirt. Denn das *z* ist erst später im Nom. sing. durch Rückwirkung des *i* entstanden. Wie die Erklärung dieser einzelnen Form, so ist auch die ganze Classe IX unrichtig.

§ 23. Aehnlich wie Ahrens und Wiedemann, verfährt auch Dr. F. Fählmann bei der Erklärung der Declination. Auch er leitet die Casus von einander und nicht von einem gemeinsamen Stamme ab. Den § 6 seiner Ehstnischen Nomina überschreibt er: »Abhängigkeit der Casusformen von einander« und leitet die Casus theils vom Genit. sing., theils vom unbestimmten Accusativ sing. (d. h. Infin.) ganz willkürlich ab. Er theilt dann die ehstn. Declination nach den Stammauslauten *a. e, i, o* und *u* ein, nennt diese »Declinirvocale« und lehrt § 11 ff., dass der Genit. sing. und andere Casus sie als Endungen annehmen. Dass der Unterschied des Infin. und Genit., wo im ersteren das *t* fehlt, so sehr oft in der Firmation des Infin. besteht, weiss Fählmann nicht. Nach ihm ist der vocal. Stammauslaut ebenso Endung wie ein *t* (s. Fählmann § 12, 13, 14, 16 u. a.j. Er schreibt z. B. § 15, 2: »Statt des *t* im Accus. indef. nehmen der Euphonie wegen einige den einfachen Declinirvocal *e* an: *kuk* (Hahn), *kukké* (statt *kukt*) « etc. ; *kukke kuk'e*) aber steht für *kukec für *kuke-a für *kuke-ta.

§ 24. In der livischen Grammatik von Sjögren und Wiedemann werden ebenfalls die Casus von einander, und nicht vom Stamme abgeleitet Die Willkür in den Ableitungen und in Folge dessen die Verwirrung, ist hier ebenso gross als bei Ahrens.

Ueber die Bildung des Gen. sing. heisst es § 60: »Der Genitiv des Singulars wird vom Nom. pl. gebildet, indem man das *d* desselben, (oder *t*), sammt dem etwa gebrauchten Bindevocal weglässt; z. B. *jeṅg* (Seele), pl. *jeṅgǫd*. Gen. *jeṅg*« etc.

Historisch betrachtet verhält sich die Sache aber folgendermassen: Zuerst ist von dem Genitiv das Suffix-*n*, welches im Suomi immer, im Livischen in gewissen Fällen noch vorhanden ist, abgefallen, hierauf der Stammauslaut, der im Ehstnischen noch vorhanden ist (Genit. *hinne* oder dorp. *jeṅge*).

So werden auch andere Casus von dem Nom. pl. oder von einem anderen mehr oder weniger willkürlich abgeleitet.

§ 25. Ahlqvist schreibt in seiner wotischen

Grammatik § 55, 2: »In einigen Stämmen auf -ne wird diese Bindesylbe im Nominativ zu -si verwandelt, wie *käsi*, Deckel, *čūsi*, Nagel, *läsi*, Westen, von den Stämmen *käne*, *čūne*, *lūne*.« Der historische Vorgang ist aber folgender: Die Stämme sind *kante, *čūnte, **lünte;* davon sind die Nominative *käsi*, *čūsi*, *läsi* entstanden, aus *kansi, *čūnsi, *lünsi aus *kanti etc., indem -*n* ausfiel und die Verlängerung des Stammvocals eintrat; in *käne-*, woran die Endungen der übrigen Casus angefügt worden, ist das *t* zwischen *n* und *e* nach den Lautgesetzen ausgefallen, und der Vocal ebenfalls verlängert worden. In Suomi lautet der Nom. *kansi* für *kanti, der Genit. *kanne-n* für *kante-n, Nom. *kynsi*, Genit. *kynne-n*, Nom. *länsi*, Genit. *länne-n*.

§ 26. Wiedemann dagegen vergleicht in der livischen Grammatik § 112 das Wepsische mit dem Livischen und sagt S. 101 Folgendes: »Noch verdient erwähnt zu werden das Uebergehen des *s* und *z* in *d*, wie im Livischen *š* und *ž* in *d* in der 25—27 Classe, z. B. *küns*, pl. *künded*, Klaue, *pars*, pl. *parded*, Stange, *küzi*, pl. *käded*, Hand, ... livisch ebenso *küns̀*, pl. *kündȯd*, *parž*, pl. *pardȯd*, *käiž*, pl. *kädud*. ...«

Weps. *küns* aber steht für *künsi für *künti, und der Stamm ist *künde-*, pl. *künde-d*; liv. *küns̀* steht gleichfalls für *künsi für *künti, und St. *kündȯ-* für **künde-;* *käiž* steht für *käzi für *kädi oder *käti.

Wenn Ahlqvist und Wiedemann, anstatt vom jetzigen Stamme, resp. vom jetzigen Nominativ auszugehen, den historischen Hergang berücksichtigt hätten, so wären sie in diese Irrthümer nicht verfallen.

Ueber die dreisylbigen Stämme und »Nomina contracta« in den westfinnischen Sprachen.

§ 27. Im Folgenden werde ich durch Beispiele darzulegen versuchen, wie die dreisylbigen Stämme und die sogenannten Nomina contracta im Westfinnischen behandelt werden müssen, und dann zeigen, wie die einzelnen Grammatiker sie behandelt haben. Auch hierbei werden wir ersehen, wie nothwendig es ist, die finnischen Sprachen vergleichend zu behandeln.

Stämme mit dem Suffix -ta, -da.

§. 28. Im Suomi ist vom ursprünglichen Suffix -ta das t ausgefallen und dann die Contraction des a mit dem vorhergehenden Vocal eingetreten. Im Revalehstnischen ist das Suffix -da erhalten, wo die Firmation des Stammes nicht eintreten konnte (s. § 14). Sonst ist aber das d ausgefallen und nach der Contraction die Firmation im Stamme eingetreten. Der Nom. sing. hat das -da verloren. Im Werroehstnischen ist das d stets ausgefallen und die Firmation im Stamme eingetreten. Bei denjenigen Stämmen, die im Revalehstnischen das -da erhalten haben, hat sich der durch die Contraction entstandene lange Vocal -ee für -ea im Infin. sing. erhalten; im Infin. pl. ist derselbe vor i verkürzt. Im Altehstnischen ist das nach Ausfall des d (t) aus ea entstandene ee häufig erhalten und im Nom. sing. auch das ursprüngliche -da zuweilen bewahrt. Das Livische hat das a des -da in ǫ verwandelt oder ganz verloren. Das Livische und das Wepsische haben einen Vocal vor dem d verloren.

Beispiele: Sm. *pime-(t)ä* oder *pimi-(t)ä*, contr. *pimee* oder *pimii* (dunkel, finster), *korke-a* (hoch), *karke-a* oder *karki-a* (rauh, herb), *julke-a*, *julki-a* (dreist), *oike-a*, *oiki-a* (richtig, gerade); — r.-ehstn. St. *pime-da* = Gen., Nom. *pime* (dunkel), d.-ehstn. *pim'e* für *pimee* für *pime-a* (s. § 14), Infin. *pimee-t* für *pime-a-t*, Infin. pl. *pime-i-t*, *ee* vor *i* zu *e* verkürzt, *kõr'ge* (nicht *kõrge*) für **kõrgee* (hoch), *kar'ge* für **kargee* für **karge-a*, *jul'ge* (oder *jullge* zu schreiben, nicht *julge*[1]) für **julgee*, *õi̯'ge*[2]) (richtig, gerade) für **õi̯gee* für **õi̯ge-a*, St. *lageda* (eben, flach), Nom. *lage*, Gen. St. werroehstn. *lake* für **lagee*, Infin. *lagee-t, peh'me* für **pehmee* (weich), (auch *pehhme* oder *pechme* zu schreiben, nicht *pehme*); altehstn. *walgee-m* (weisser), *sirgee-m* (schlanker), Compar. (Neus 4, A. 69), *enne walgee-d* (vor der Helle, Neus 89, Zeile 27), *nobe-da*, Nom. ṣing. (behend, Neus 40, A. Zeile 30), *sile-da*, Nom. sing. (glatt), *hale-da* (traurig), Nom. sing. (Neus 41, Zeile 30); — liv. *pim-dö̱* oder *pim-d*, *kuor-d* (streng, recht), pl. *kuor-dö̱-d*, sal. *kor-d* oder *korg* für **korg-d*, pl. *kor-de-d*, *kar-dö̱*, *kar-d* (rauh, streng) für **karg-dö̱*, *lag-dö̱*, *lag-d* (flach), *piem-dö̱*, *piem-d* (weich), *lieb-di* (glatt, ehstn. *libe-da*); — weps. St. *pime-da* (= ehstn.), Nom. *pime-d*, G. *pime-da-n*, *korge-d* (hoch), pl. *korg(e)-ta-d*, *karge-d* (bitter), pl. *kartta-d*, *kart-ta-d* für **kark(e)-ta-d*, *lage-d* (breit), pl. *lage-da-d*.

Die finnischen Grammatiker Bergstadi[3]), Eurén und Andere führen *-ea* oder *-ia* als Endungen an; aber *e* und das daraus entstandene *i* gehören dem primären Wortstamme an und *-a* für *-*ta* ist Endung. Ahrens sagt § 96: »Die Endung ist *e* und der Relativ fügt *da* hinzu. Der Infinitiv stammt vom Relativ ab.« Die Endung aber ist *-da*, das im Nom. sing. abgefallen ist. Diejenigen Wörter, in welchen im Revalehstnischen das *d* des Suffixes *-da* ausgefallen und dann nach der oben angegebenen Weise die Contraction und Firmation eingetreten ist, wie *õi̯'ge*, *jul'ge*, *kõr'ge* etc., behandelt Ahrens im § 92 zusammen mit denjenigen, welche im Nom. sing. kein Suffix *-da* gehabt haben und daher in diesem Casus nicht firmirt sind, sondern zur folgenden Classe gehören; er kennt die fir-

---

1) Aber *julge* stückchenweise (von Koth), frummelweise, von *julga*, Nom. *julk*, *Kothstückchen, Frummel.*
2) Aber *õige*, Adv. recht, gerade, sm. *oike-i-n.*
3) Zeitschrift Suomi 1859, S. 185.

mirte Aussprache und die Entwicklungsgeschichte dieser Wortclasse nicht. Wiedemann bezeichnet § 35 im Infin. *pimeet et* als Endung; jedoch ist blos *t* die Endung und das zweite *e* ist aus *a* durch Assimilation entstanden, wie im Suomi dialectisch *pimee* aus *pime-a*. Im Revalehstn. lautet dieser Casus *pime-da-t*. Diesem Beispiele lässt Wiedemann zahlreiche andere folgen; jedoch nur solche, deren Stämme so beschaffen sind, wie der § 14 meiner Untersuchungen sie angibt, nämlich mit *m, n, l* etc.

Die Adjective *jul῾ge* für *julgee*. *ker῾ge* für **kergee*, *kõr῾ge* für **kõrgee* u. a., bei denen die Firmation ebenfalls eingetreten ist, führt Wiedemann in einer anderen Classe unter ganz anderen Wörtern auf (§ 32 der Werroehstn. Grammatik). Fählmann nennt das *a* in *da* »Declinirvocal.« Doch ist hier der Vocal von dem Consonanten nicht zu trennen (s. unten § 32).

Stämme des Suomi mit dem Suffix *-he* für *-*de* (*-*te*), Nom. sing. *-t. -h. -'*.

§ 29. Das *-t* im Nom. des Suomi ist nicht aus *-h* oder *-'* entstanden, vielmehr ist das Umgekehrte der Fall. Ich hoffe an einem anderen Orte endgiltig nachweisen zu können, dass bei diesen Wörtern das *-he* an Stelle eines ursprünglichen *-te* (*-de*) steht, und dass von diesem *-te* das *e* im N. sing. verloren gegangen ist. Für jetzt muss ich mich mit dem Hinweis auf Aug. Boller begnügen. Nach ihm steht hier das *-'* oder *-h* des Nom. für *-t*. z. B. *ote'* für *otet*, und er gibt (Band 15, S. 499 und 500) die Gründe hierfür an. Es verhält sich mit diesem *t* und *h* wie mit dem gleichlautenden Pluralsuffix. Letzteres lautet ursprünglich *-t* (*-te*). Dafür steht aber im Nom. des Suomi ebenfalls *-t* oder *-'* oder *-h* (vergl. Boller, Band 10, S. 285).

Aus der Suomiform sind die anderen westfinnischen entstanden.

Beispiele: Sm. *kate-t* oder *kate-h* (Dach, Decke). Gen. *kate-he-n* oder *kate-e-n*. *katee-n* (eigentlich Gedecktes).

anne-t, anne-' (das Gegebene, Geschenk), Gen. *ante-he-n, antee-n,* St. *ante-e,* neben *ante-he, kaste-t* oder *kaste-'* (Thau, Feuchtigkeit), Gen. *kaste-he-n,* gew. *kastee-n, (kasta-n,* ich benetze), *paiste-t* und *paiste-'* (Glanz, Schein), Gen. *paistee-n* und *paiste-he-n, kude-t* (Einschlag beim Weben), Gen. *kudee-n, puhe-t* (Blasen), Gen. *puhe(h)e-n;* r.-ehstn. N. *katʿe* (Decke), Gen. *katte* für **katee,* anne für **ande,* Gen. *anʿde* für **andee, kaste.* Gen. *kasʿte* für **kastee, paisʿte* (Schein, Glanz), Gen. und St. *paisʿte* für **paistee, ehe* für **ehte,* St. und Gen. *ehʿte* für **ehtee;* werroehstn. *hōne-'* (Haus), Gen. *hōʿne* für *hōne(h)e, mōte-'* (Gedanke), Gen. *mōtʿe* (oder mit Wiedemann *mōtte* zu schreiben) für **mōtee, mure-'* (Sorge), *kombe-'* (Sitte), Gen. *komʿbe* für **kombe(h)e, rǟme-'* (Spitzmehl), Gen. *rǟʿme* für *rǟme(h)e, kelme-'* (Häutchen), Gen. *kelʿme* (oder *kellme* zu schreiben, aber nicht *kelme*) für **kelme(h)e;* altesthn. *laenee-se* (in die Welle), rev.-ehstn. Nom. sing. *laene,* Gen. *laeʿne* für **laenee,* sm. Nom. *laine-t.* Gen. *laine-(h)e-n;* liv. *kastū-g,* Dat. *kastū-gö-n, paistö-g,* pl. *paistö-gö-d, h* zu *g* verwandelt, *kud-gö-s* (Einschlag); wot. *ehte-'.* Adessiv *ehtē-la.* Nom. pl. *ehtē-t.* St. *ehtē* für **ehte-he, kue-'* (Einschlag) für **kue-t,* St. *kutē'* für **kute-he,* Nom. pl. *kutē-t;* weps. *kaste-h,* pl. *kast(e)-he-d, puhe-'* (Zauberwort), Gen. *puhege-n.* St. *puhe-ge, lühhe-'* (Quelle), pl. *lüht-ke-d* für **lühtege-d, g* unmittelbar vor *t* in *k* übergegangen, *g* aus *h* entstanden.

Nach den finnischen Grammatikern Lönnrot[1]), Eurén u. A. ist *he* das Bildungselement und der Nom. sing. auf *t* dadurch entstanden, dass der Vocal *e* erst in *i* überging und dann abfiel, worauf *h* zu *t* wurde. Ahrens lehrt § 91 über diese Classe, die er mit denjenigen Wörtern, die ich im vorigen § angeführt habe, zusammenwirft, Folgendes: »die Endung ist *e,* und der Relativ dem Definitiv gleichlautend.« Von den von ihm angeführten Beispielen lautet aber der Nom. (Defin.) *laene,* Gen. (Relat.)

---

1) Zeitschrift Suomi 1841. 4. Heft.

lae῾ne für *laenee, Nom. *pai̯ze*, Gen. *pai̯῾ze* für *paisee, *per-se* (Gesäss), Gen. *per῾se* für *persee. Wiedemann lehrt in der werroehstn. Grammatik § 33 über diese Classe: »Zweisylbige Wörter mit der Aspiration am Ende, welche im Genitiv wegfällt, der dafür entweder firmirt, oder wenigstens stärker betont wird.« Hier muss ich die von mir gegebenen Firmationsgesetze zur Geltung bringen. Es sind alle hierher gehörigen Genitive firmirt. Wir haben gesehen, dass die stärkere Betonung weiter nichts ist, als eine unbezeichnet gebliebene Firmation. Fählmann spricht § 15 blos von dem Bindevocal *e* im Nom. und Gen., als ob es keinen Unterschied zwischen den beiden Casus dieser Wortclasse gäbe und keine Firmation stattfände. Ahlqvist lehrt § 15 der wotischen Grammatik: »In einigen Wortstämmen auf *ē* oder *ё̄* wird dieser Vocal im Nominativ verkürzt, und eine gelinde Aspiration tritt hinter den auf diese Weise verkürzten Vocal ein; z. B. von den Stämmen *ehtē*, *sitē̇* wird der Nom. *ehe'* Schmuck, *siē̇* Bund.« Ahlqvist irrt hier sehr; denn der kurze Vocal des Nominativs hat mit dem langen vor den übrigen Casussuffixen nichts zu thun; *ehtē* steht für *ehtee* für *ethehe und *sitē̇* für *sitee* für *sitehe; die Nom. *ehe'* und *siē̇* stehen aber für *ehte-h, *site-h. Dieselbe irrige Ansicht spricht er auch im § 65 und § 85 weiter aus.

Stämme auf *a-s*, *i-s*, *e-s* im Suomi und anderen westfinnischen Sprachen.

§ 30. Im Suomi ist das *s* der Stämme auf *a-s*, *i-s*, *e-s*, wenn es bei der Flexion zwischen zwei Vocale zu stehen kam, in *h* übergegangen und das *h* ist dann gewöhnlich ausgefallen (s. Thomsen: Einfluss der germanischen Sprache auf die finnisch-lappischen). Im Ehstn. ist der lange Vocal, der nach dem Ausfall des *h* durch Contraction entstanden ist, verkürzt und in Folge dessen Firmation im Stamme eingetreten. In manchen Wörtern ist das *s* erhalten, nämlich dann, wenn es nicht zwischen zwei Vocale zu stehen kam. Auch hat das Altehstnische in einigen Fällen den langen Vocal gerade wie das Suomi noch bewahrt. Das Livische verfährt ähnlich wie das Ehstnische; das Wotische dagegen bewahrt durchweg den langen Contractionsvocal. Im Wepsischen endlich ist das *s* nur im Nom. sing. geblieben, weil es in den anderen Casus zwischen zwei Vocale gestellt ist und demnach in *h* übergehen muss. Der erste dieser Vocale ist gewöhnlich abgefallen, zuweilen aber auch erhalten.

Beispiele: Sm. *viera-s* (fremd), davon Infin. *viera-s-ta*, Gen. pl. *viera-s-te-n*, St. *viera-ha* für *viera-sa* für alle übrigen Casus, z. B. Gen. *viera-ha-n* und *viera-a-n*, Essiv *viera-s-na* neben *viera-ha-na;* *armas* (lieb), Infin. *arma-s-ta*, Gen. *arma-ha-n* und *arma-a-n;* *lamma-s* (Schaf), Infin. *lamma-s-ta*, Gen. *lampa-(h)a-n;* *kinna-s* (Handschuh), Gen. *kinda-(h)a-n;* *kirves* (Beil), Inf. *kirve-s-ta*, Gen. *kirve-he-n* und *kirve-e-n;* *kalli-s* (theuer), Infin. *kalli-s-ta*, Gen. *kalli-hi-n* und *kalli-i-n;* — ehstn. *wōra-s*, Infin. *wōra-s-t*, Gen. pl. *wōra-s-te*, Gen. sing. *wó͑ra* für *wōraa*, Nom. pl. *wó͑ra-d* für *wōraa-d* für *wōra-ha-d;* *armas*, Gen. *arm-sa* für *arma-sa*, *s* erhalten, weil es nicht zwischen zwei Vocale zu stehen kam; *lamma-s* (Schaf), Gen. *lam'ba* für *lambaa* für *lamba-ha;* *kinna-s*, Gen. *kin'da* für *kindaa* für *kinda-ha*, Nom. pl. *kin'da-d* für *kindaa-d;* *rika-s* (reich), Infin. *rika-s-t*, Gen. *rikka* (oder *rik'a*) für *rikkaa* für *rikaa;* *kirwe-s* (Beil); Gen. *kir'we* für *kirwee* für *kirwe-he;* *kaľľis*, Gen. *kaľľi* für *kallii* für *kalli-hi;* altehstn. (in Neus' ehstn. Volksliedern) *kinda(h)a-sta*, *taewaa-sta* (beides Elative), Nom. *taewas* (Himmel), jetziger Gen. *tae'wa* für *taewaa* (Neus 4, A 71); *armaaksi*, Factiv, Nebenform zu *armsaks;* *kirwee-ta* (ohne Beil) *;* *kaldaa-se*, Illat., Nom. *kallas* für *kaldas* (Abhang) ; — liv. *vȫrö-s* (fremd, auch *vȫra-s*), pl. *vȫrö-d* für *vȫröö-d;* *ārma-s*, pl. *armö-d* für *armöö-d* (auch *armö-s*), *arm-sö* (vergl. ehstn.) ; *rikā-s*, Infin. *rikā-s-t*, Gen. *rikkö* (oder *rik'ö*) für *riköö;* *lambas*, pl. *lambö-d* für *lamböö-d ;* *kindas*, pl. *kindö-d* für *kindöö-d;* *kira-s* (Beil), pl. *kirrö-d* für *kiröö-d;* *val'mö-s*, pl. *val'mö-d* (fertig, bereit), ehstn. *walmis*, Gen. *walˊmi* für *walmii für *walmi-hi, sm. Gen.*walmi-hi-n*; — w o t. *arma-s*, Inessiv *armassa* für *armasta, Adessiv *armā-la* für *armaa-la* für *arma-ha-la, pl. *armā-t* für **arma-*(*h*)*a-t ;* *lammas*, pl. *lampā-t* für **lampa-*(*h*)*a-t ;* *ratis* (Vorrathskammer), zweiter St. *rattī* für *rattii für *ratii für *rati-hi, Infin. *ratis-sa* für *ratis-ta, *kallˊis* (theuer), zweiter St. *kallī* für *kallii* für *kalli-hi, pl. *kalli-t ;* — w e p s. *vera-s*, pl. *vera-ha-d*, St. *vera-ha* für *vera-sa, Infin. *armha-d* für **armaha-d; lammas*, Gen. *lambha-n* für **lambaha-n; kindas*, Nom. pl. *kind-ha-d* für **kinda-ha-d ; üges* (Egge), pl. *üge-he-d* für **üge-se-d; kallˊi-s* (theuer), pl. *kalhe-d* für *kalli-he-d, St. **kalli-se; valmi-s*, pl. *valm-he-d* für **val-mi-se-d ; rugi-š*, pl. *rugi-he-d* für *rugi-se-d.

Die Grammatiker des Suomi, Lönnrot, Eurén, Ahlqvist (wot. Grammatik § 83) u. A., lassen das *s* des Nom. aus *h* entstehen. Sie geben z. B. *viraha* als Stamm an, und behaupten, dass der Nom. entstanden sei, indem *a* abfiel und *h* in *s* überging. Thomsen hat diese Ansicht bereits widerlegt, indem er nachgewiesen hat, dass in einer nicht geringen Anzahl aus dem Germanischen entlehnter Wörter auf *as* und *is*, das *s*, wenn es zwischen zwei Vocale zu stehen kam, in *h* überging. Ahrens sagt § 85 vom Ehstnischen, die Endung sei »ein *s*, welches der Relativ wegwerfe.« Von der Firmation dieser Stämme weiss er nichts. Im folgenden § lehrt er z. B., dass in *rikka-d* (die Reichen, für *rikkaa-d für *rikaha-d) ein *k* inserirt sei, in *warˊga-d* (für *wargaa-d, *wargahad, die Diebe) das *g* eingeschoben sei, obgleich diese Consonanten zum Stamme gehören. Er schreibt *wargad*. Wiedemann (werroehstn. Grammatik § 30) sieht die Firmation als Ersatz für ein abgeworfenes *s* an, sagt aber nicht, was für ein Gesetz ihr zu Grunde liege. Alle hierher gehörigen Wörter, von denen er sagt, dass sie stärker betont wären, sind ebenso firmirt wie diejenigen, welche er als firmirt angibt. Fählmann lehrt § 19 über die Wörter auf *as*: „Sie werfen das *s* im Genitiv ab und behalten das vorangehende *a* als Declinirvocal bei; die zweisylbigen hängen im Accus. indef. ein *st*... daran.« Dieselben Gesetze der Firmation, die Ahrens hierbei unbekannt sind, kennt auch Fählmann nicht. Ausserdem begeht er noch den Fehler im Infin. *st* für Endung zu halten. Nach der liv. Grammatik (§ 95 und 96) zu schliessen, sehen Sjögren und Wiedemann das *as* in der Declination mit Ausnahme des Nom. sing. und des Infin. sing. für abgeworfen an. Dass hier aber derselbe Vorgang wie im Ehstnischen, nämlich Verwandlung des *s* zu *h*, Schwinden dieses *h*, Contraction, und schliesslich Firmation vorliegt, haben die Verfasser nicht eingesehen. — Ahlqvist schreibt in seiner wot. Grammatik § 66, 4 über die betreffenden Wörter: »Einige primitive Wortstämme mit langem Bindevocal bilden ihren Nominativ so, dass der Bindevocal verkürzt und im Auslaut ein *s* hinzu gefügt wird, wodurch die Bindesylbe geschlossen wird und Consonantveränderungen in ihr nothwendig werden; so sind von den Stämmen: *lampā, rikkā, wartā, ćirwē, rattī, rüčī* die Nominative entstanden, *lammas*, Schaf, *rikas*, reich, *warras*, Stechspiess, *ćirwes* (littauisch *kirvis*), Axt, *ratis*, Vorrathskammer, *rüis*, Roggen.« Wie die verschiedenen Beispiele zeigen, steht Ahlqvist's Ansicht im Gegensatz zur historischen Entwicklung dieser Sprache und ist ganz und gar willkürlich.

§ 31. Eine Anzahl Irrthümer der ehstn. Grammatiker glaube ich blos durch einfache Erwähnung beseitigen zu können.

Von *kū-ne* (monatlich) lautet der zweite Stamm *kū-se*, Gen. *ku-se(-n)*, Infin. *kū-s-t*, von *wĩm-ne* (der letzte) für *wim-i-ne* für *wime-ine*, der zweite Stamm *wĩm-se* für *wim-i-se* für *wime-i-se*, Infin. *wim-i-s-t*, sm. *viime-i-ne-n*, Gen. *viime-i-se-n*, Infin. *viime-i-s-ta*. Ahrens aber lehrt § 97, zehnte Classe: »Die Endung ist *ne* und der Relativ (Gen.) verwandelt sie in *se*. Der Indefinitiv endet nach einem Vocal in *st*, nach einem Consonanten in *ist*.«

Wiedemann behauptet § 36 ebenfalls, dass hier der Infin. auf *st* endige. Der Infin. pl. endigt auf *-i-t* oder *-i* (für *i-t*, indem die Infinitivendung *t* hinter dem Pluralzeichen *i* abfiel), z. B. *nai-z-i-t* (Weiber) für *nai-ze-i-t, *warbla-zi* oder *warbla-i-z-i* (Sperlinge) für *warbla-i-ze-i-t, Nom. sing. *warbla-i-ne* oder *warbla-(i)-ne*, Gen. sing. *warbla-i-ze* oder *warbla-(i)-ze*. Wiedemann aber lehrt, dass bei dieser Classe der Infin. pl. auf *zit, zi* oder *izi* endige.

Auch Fählmann verkennt hier die eigentliche Endung des Infin. Er sagt § 21 über diese Classe: »Sie nehmen im Genitiv statt des *ne* ein *se* an und verwandeln im Accus. indef. dieses *se* in *st*.«

Vom Stamme *hōle-tu-ma* (sorglos) lautet der Nom. sing. *hōle-tu* für *hōle-tu-n für *hōle-tu-m für *hōle-tu-ma*, vom St. *hōle*, Nom. sing. *hŏl'* oder *hŏl* (Sorge), sm. Nom. sing. *huole-to-in* für *huole-to-mi oder *huole-to-n* für **huole-to-m(a)*, St. *huole-tto-ma*, Gen. s. *huole-tto-ma-n*, vom St. *huole*, Nom. sing. *huoli*. Vor der Infinitivendung *-t* ist das *a* des Suffixes *-tuma* auch abgefallen, das *m* dann vor *t* nothwendig in *n* und *t* in *d* übergegangen.

Ahrens aber sagt § 98, elfte Classe: „Die Endung ist *tu* und der Relativ fügt *ma* hinzu«... »Als Endung des Indefinitivs hört man häufig *tund* statt *tumat*, z. B. *hooletund, meeletund*...«

Ebenso ungenau drückt sich Wiedemann über dieses Wortbildungselement aus (s. § 37 der werroehst. Grammatik).

Fählmann lehrt über diese Wortclasse § 20, 2: »Sie verwandeln das *to* im Gen. in *tuma* und das Zwischen-*m* geht durch alle Casus durch.«

§ 32. Die Elemente *ta, da, he* (Nom. *t* oder *h*), *ma, me, ne, -nte* aus *n-te*, *kse* aus *k-se* u. a. sind ursprünglich selbständige Wörter, die an die primären Stämme angewachsen sind. Sie lassen sich auf ihre ursprüngliche Gestalt zurückführen wie die Suffixe im Indogermanischen. Dies werde ich im Laufe meiner Untersuchungen hinreichend ohne grosse Schwierigkeit zeigen. Von *da, me, kse*, z. B. darf das *a, e* nicht getrennt, nicht als Bindevocal oder euphonischer Nachklang betrachtet, und *d, m, k* wiederum nicht als euphonisches Einschiebsel angesehen werden. Ich muss daher der Ansicht Dr. Thomsen's und und Dr. Fählmann's entschieden entgegen treten.

Es geht z. B. Suomi *sormu-s* (Ring) für *sormu-ks, zurück auf den Stamm *sormu-kse*, Gen. *sormu-kse-n* (*sormi*, St. *sorme*, Finger), *kolma-s* für *kolmat für *kolma-nt auf *kolma-nte*, Gen. *kolma-nte-n*, *sydä-n* (Herz) für *sydü-m auf *sydä-me*, indem bekanntermassen *e* und Doppelconsonanten im Auslaut nicht geduldet werden und *m* daselbst in *n* übergeht.

Thomsen aber hält Seite 30 »*sormuks*« »*kolmant*- oder *kolmand*« und »*sydam*-« für den Stamm und das *e* für einen »angefügten« oder »hinzugefügten Vocal.« Nach einer solchen Ansicht wäre man ja genöthigt in den finnischen Sprachen Suffixe, die doch ursprünglich einsylbige Wörter' waren und aus Consonant+Vocal bestanden, ohne den Vocal sich zu denken.

Wenn Thomsen aber behauptet, dass der Vocal nach den Stämmen auf *as*, *is*, *es*, deren *s* zwischen zwei Vocalen zu *h* verwandelt worden ist, ein Bindelaut sei, so hat er wohl Recht; denn diese scheinen nicht ursprünglich finnisch zu sein.

Dr. Fählmann hält ganz unwissenschaftlich und willkürlich das *d* in *da* für einen »Zwischenconsonanten« (s. Fählmann IV. Decl. § 20, 2), das *m* in *me* für ein »Zwischen-m« (s. Fählmann § 20, 3), z. B. *abe* (Bart, Gen. *abe-me*, nach Fählmann also *abe-m-e*. Fählmann sieht nämlich *a* und *e* als das eigentliche Bildungselement an und nennt sie »Declinirvocale.«

Auf diese Weise könnte ich noch eine Anzahl secundärer Stämme berichtigen, namentlich in Bezug auf die ehstnischen und livischen Grammatiken, allein schon dies mag zur Orientirung genügen. Auch im Hinblick auf die verwandten Sprachen könnte ich oft dergleichen Berichtigungen vornehmen; doch will ich mich darauf hier nicht weiter einlassen.

2. Die n-Suffixe.

§ 33. In diesem speciellen Theile will ich zuerst die Casusendungen, deren Hauptbestandtheil *n* ist (*-na*, *-ne*, *-n-*, *-n* etc.) oder deren ersten Bestandtheil es bildet (wie z. B. *na-l*, *-n-ta*), durch alle finnischen Sprachen hindurch in allen ihren Bedeutungen und Formen verfolgen. Dabei schlage ich das Verfahren ein, welches Schleicher von der indogermanischen Sprachforschung fordert, wenn er im Comp. § 243 sagt: »die wissenschaftliche Darstellung der indogermanischen Declination hat die Aufgabe die im vorliegenden Stande der Sprache eng verwachsenen Elemente wieder aufzulösen; mit andern Worten, sie muss die älteren und ältesten Formen wieder herstellen, aus denen die späteren erwachsen sind. Nur so können die Casusformen klar gefasst werden.«

Nun stellt es sich bei dieser Analyse heraus, dass der Locativ der Form wie auch der Bedeutung nach der älteste, ursprünglichste Casus ist, von dem die andern alle (in erster Reihe der Temporalis und Adessiv) abstammen, selbst wenn sie zum Theil in der heutigen Sprache scheinbar gar nicht mit ihm zusammenhängen. Seine älteste Bedeutung ist am reinsten meist in erstarrten Formen, also Adverbien und Partikeln, die ich möglichst vollständig zusammenstelle, erhalten.

Man wundere sich nicht darüber, dass ich die so zahlreichen Casus der finnischen Sprachen mit einem *n*-Element unter dem Namen *n*-Locativ (oder *n*-Casus) zusammenfasse; denn unter diesem Namen verstehe ich die Grundbedeutung aller *n*-Casus, welche jetzt natürlich in sehr mannigfachen Schattirungen auftritt. Diese Schattirungen halte ich in jeder Sprache auseinander und bezeichne die gleichen in den verschiedenen Sprachen mit gleichen, meist bekannten Namen. Dadurch schon wird im Laufe der Untersuchungen ersichtlich, dass die eine Bedeutung des *n*-Casus der andern nicht fern steht und wie sich die vielen jetzigen Bedeutungen desselben zu den wenigen älteren verhalten.

Den Locativ, Temporalis und Praedicativ nennen die Grammatiker des Suomi »Essiv«; den Instrumentalis, Modalis und Distributiv nennen sie »Instructiv.«

Den Accusativ auf -*n*, der im Westfinnischen, Permischen etc. vorkommt, lasse ich hier weg, weil er möglicher Weise auf -*m* zurückgeht, was ich an einem anderen Orte zu entscheiden versuchen werde.

Westfinnisch.
Suomi.

§ 34. Locativ. Das Suffix des Locativs ist -*na* (-*nä*) in der Bedeutung an, in, auf. Sowohl diese Form als auch ihre Bedeutung ist, wie wir später sehen werden, unter allen *n*-Casus die ursprünglichste.

Beispiele von Postpositionen: *kauka-na* (fern) von *kauka* (das Ferne, also in oder bei dem Fernen), *on kauka-na* (ist weit weg); *luo-na* (bei, neben) von *luo* (die Nähe, also in der Nähe), *on luo-na-ni* (ist bei mir, in meiner Nähe); *tykö-nä* (nahebei, bei) von *tykö* (das nahebei Befindliche), *on kirkon tykö-nä* (ist bei der Kirche, est ad vel apud l. penes l. prope templum); *taka-na* (hinten, in loco postico) von *taka* (das Hintere), *ulko-na* (aussen) von *ulko* (das Aeussere), *mitä ulko-na on* (was aussen ist); *keske-nä-nsä* (unter einander) von *keski* (die Mitte), *sopivat keske-nä-nsä* (conveniunt inter sese); *alaha-na* (unten) von *alaha* (locus inferior).

Beispiele von Adverbien: *koto-na* (zu Hause) von *koto* (das Haus), *on kotona* (ist zu Hause), *istun kotona* (sitze zu Hause); *koko-na-nsa* (ganz, gänzlich, sehr) von *koko* (Haufen, Grösse), *kokonansa hyvä mies* (ganz, sehr guter Mann), *on kokonansa minun* (ist ganz mein); *se-nünsä* (dabei) von *se* (derjenige, jener), *pusyy senünsä* (es bleibt dabei). *Kaukana* und *kotona* kommen auch als Adverbe vor. Hierher gehört auch *püü-nä-nsä* (überhaupt, ganz und gar, im Ganzen) von *püä* (Kopf, Haupt), *päänünsä wedessä* (totus quantus in aqua), *nün päänänsä* (ita omnino). Dem alten Locativsuffix *-na* ist auch das neuere Nomina bildende Suffix *-ise*, N. *-inen* angefügt worden; z. B. *koko-na-inen*, Gen. *-na-isen* (ganz, heil); *keski-nä-inen* (gegenseitig); *ulko-na-inen* (äusserlich, auswendig); *vajana-inen* (mangelhaft, unvollständig) von *vajava* (das Mangelhafte); *eri-nä-i-nen* (getrennt, verschieden, los): *vaka-na-inen* (fest, standhaft, zuverlässig) von dem Adj. *vaka* (dass.); *liika-na-inen* (Auswuchs habend, überflüssig) von *liika* (Auswuchs).

Der Locativ auf *-na* (*-nä*) wird auch noch nach dem Comparativsuffix *-mpa-* neben dem Adessiv auf *-lla* gebraucht; z. B. *on ale-mpa-na* (ist auf dem Unteren, »est in loco inferiore«) von *ali* (St. *ale-*, das Untere), *ale-mpa-*, Nom. *alempi* (niedriger, unterer); *on yle-mpä-nä* (ist auf, in dem Höheren, est in loco superiore l. alteriore) von *yli* (St. *yle-* das Oben, Obere), *ylempi* (höher), *on yl-in-nä* (»est summo in loco positus, supremum tenet locum«, ist auf dem Höchsten, ist am höchsten oben), in Superl.-suffix im Nom.; *on kauko-mpa-na* (»est in loco remotiore«, ist mehr fern, in der Ferne); *on ulo-mpa-na* («est remotior extra«, ist mehr aussen) von *ulko* (das Aeussere), *ulompi* (das mehr äussere); *on edempä-nä* (longius abest prorsum, ist weiter vorn) von *esi* (St. *ede-* oder *ete*, das Vorne, Vordere); *on taae-mpa-na* oder *tae-mpa-na* für *take-mpa-na* (»est longius pone quem, est remotior a tergo«, ist weiter hinten); *lünne-mpä-nä* (mehr im Westen) von *länsi*, St. *länte-*, assim. *länne-* (Westen, s. Renvall und Jahnsson).

§ 35. **Temporalis.** Sein Suffix ist gleichfalls *-na* (*-nä*); es wird gebraucht um eine bestimmte Zeit auszudrücken, innerhalb welcher etwas geschieht. Der Temporalis ist *n-*, Locativ der Zeit.

Beispiele: *ku-na päivä-nä* (an welchem Tage), *ku-* (welcher), *päivä* (Tag); *si-nä päivä-nä* (an jenem Tage), *se* (derjenige, jener); *jo-na päivä-nä* (an welchem Tage), *jo-* (welcher); *tä-nä-pä-nä* für *tä-nä-päivä-nä* (heute, eigentlich an diesem Tage), *tä-* St. des Demonstrativpronomens *tämä* (dieser); *tuo-na-n*, *tuo-na-in* (vor einiger Zeit), *tuo* (jener da, der da), *tuo-na-inen*, Gen. *tuo-na-isen* (zu jener Zeit gehörig); *kahte-na päivä-nä teemme tämän työn, jos olemme ahkerat* (in zwei Tagen, im Verlauf zweier Tage vollführen wir diese Arbeit, wenn wir fleissig sind); *joulu-na, pääsiäis-nä, helunta-i-na on* (ist) *lapsilla* (den Kindern) *ilo* (zu Weihnachten, Ostern, Pfingsten haben die Kinder Freude); *lähti matkaan lauvantai-na, mennee-na viikko-na, kuu-kaute-na, yö-nä, kesä-nä, syksy-nä, talve-na, vuon-na* (für **vuod-na, *vuode-na*), begab sich auf die Reise am Sonnabend, in voriger Woche, im Monat (*kuu* der Mond), in der Nacht, im Sommer, im Herbst, im Winter, im Jahr); *yhdeksänte-nä päivä-nä* (am neunten Tage).

§ 36. **Praedicativ.** Sein Suffix ist ebenfalls *-na* (*-nä*). Dieser Casus bezeichnet, in welchem Zustande das mit ihm verknüpfte Nomen sich befindet, in welcher Eigenschaft es handelt. Die Grammatiker übersetzen seine Bedeutung mit »als« (die Schweden mit *såsom*). Doch ist die ältere Bedeutung »in, in der Eigenschaft« dessen, was der Stamm ausdrückt. Eurén übersetzt diesen Casus auch mit *i egenskap af*, was zur Erkenntniss dieses vielgebrauchten Casus bedeutend beiträgt. Man halte die von Eurén gegebene Bedeutung und die der Praeposition »in« bei den folgenden Beispielen im Auge, und der ursprüngliche Zusammenhang dieses Casus mit dem Locativ wird erkennbar.

Beispiele: *on tuomari-na*, ist (als) Richter; *Matti on ollut kolme vuotta sotamiehe-na* (Matts ist gewesen drei Jahre Kriegsmann, d. i. in der Eigenschaft des Kriegsmannes); *jos olisin sinu-na* (wenn ich wäre du, in deiner Eigenschaft); *mitüs minu-na ajettelisit* (was würdest du denken als ich, d. i. in meiner Eigenschaft, »*i egenskap af mig*«); *istuu suora-na* (sitzt gerade); *nüin hänen ilose-na* (sah ihn froh), *elävä-nä* (lebendig), *kuolla-na* (todt).

§ 37. Der Genitiv wird mit dem Suffix -*n* gebildet. Die finn. Grammatiker rechnen auch den Accus. auf -*n* hierher und nennen ihn Genitivus objectivus; dieses -*n* aber hat in Bezug auf die Bedeutung mit dem Genitiv -*n* nichts zu thun.

Beispiele: *talo-n isüntä* (des Hauses Herr); *jumala-n pelko on vüsaude-n alku* (die Furcht Gottes ist der Weisheit Anfang); *raha-n himo* (Begierde nach Geld); *isümaa-n rakkaus* (Vaterlandsliebe).

Der Genitiv steht bei den Nomina propria, welche leblose Dinge bezeichnen, zu denen ihr eigenes Appellativ gefügt wird; z. B. *Turu-n kaupinki* (Stadt Åbo, finn. Turu), *Wenejü-n valtakunta* (das Reich Russland); *Karjala-n maakunta* (Landschaft Karjala); *Laatoka-n järvi* (Ladogasee); *Lüsü-n koski* (Läsä Wasserfall).

Der Genitiv steht ferner bei einer Menge von Adjectiven auf -*inen*, Gen. -*isen*; z. B. *nyrki-n kokoinen* (so gross wie eine geballte Faust), *syle-n pituinen* (Faden lang); *karu-n nahkanen turkki* (Pelz aus Bärenleder).

§ 38. Comitativ. Die Endung ist -*ne*, und die Bedeutung in Vereinigung, Gesellschaft, mit etwas, mit.

Beispiele: *mies vaimo-ne ja lapse-ne* (ein Mann mit Weib und Kind); *lähden kotoa perhee-ne-ni* (ich fahre von Hause mit meiner Familie); *torppari poiki-ne-en* (der Kathenmann mit seinen Söhnen); *mene huima huoli-nesi, epü-kelpo itkui-nesi* (geh, o Thörin, mit deinen Sorgen, Missrathene mit deinen Thränen. Kalevala III, 567 f.).

Den Zusammenhang des Comitativs mit dem Locativ glaube ich mit folgendem Satze ausdrücken zu können:

was bei, an Etwas ist, ist eben mit Etwas. Dieser Ansicht ist auch schon Boller (Band 11, S. 973).

§ 39. Instrumental. Der Charakter ist -*n*, und er drückt das Werkzeug, das Mittel aus, womit etwas gemacht wird (Eurén). In der Prosa wird der Instrumental plur. statt des Instr. sing. angewandt, in der Poesie aber findet man oft auch den Instr. sing. (A. W. Jahnsson, Finska Språkets Satslära, 42, Anm. 4).

Beispiele: *teki om-i-n käs-i-n* (machte mit eigenen Händen); *käveli palja-i-n jalo-i-n* (ging mit blossen Füssen); *jala-n neljä-n juokseva* (mit vier Füssen laufend); *silm-i-n nühtävä* (was man mit Augen sieht), *nähtävä* (sichtbar); *miehe-n toimitettava* (das was ausgerichtet wird durch einen Mann); *mieh-i-n toimitettava* (das was durch Männer ausgerichtet wird); *poika on palja-i-n pü-i-n* (plur. der Knabe ist mit blossem Kopf).

§ 40. Modalis. Sein Charakter ist wie der des vorhergehenden Casus -*n*, pl. *i-n*. Dieser Casus drückt die Art und Weise aus; er steht meist im Plural. Es ist nicht leicht zwischen diesem Casus und dem Instrumentalis eine Grenze zu ziehen. Man nennt beide Casus gewöhnlich «Instructiv.» Eurén geht von dem Begriffe des Instrumentalis aus, Jahnsson aber von dem der Art und Weise.

Beispiele: *ku-n*, pl. *ku-i-n* (wenn, als, wie) vom Pronominalstamm *ku-* (welcher); *kova-n*, pl. *kova-i-n* (hart) von dem Adjectiv *kova*; *kaua-n*, *kaua-i-n* (lange) von *kauka* (das Ferne); *tetee hyv-i-n, paremm-i-n, parah-i-n* (macht gut, besser, am besten); *käypi ens-i-n, harvo-i-n, harvemm-i-n* (geht zuerst, selten, ganz selten); *liia-n* (zuviel) von *lüka* (das Ueberflüssige), *liia-n köyhä* (allzu arm); *nü-n* (so) für *ne-i-n, von *ne* (diese), Pronominalstamm für den Plural des Sing. *se; nä-i-n* (so, also, auf diese Art), St. *nä-*, in *nä-mä-t* (diese da).

Einige Wörter, die im Grunde zu dem Locativ gehören, könnte man ebenso gut auch hier anführen, da sie eine Art und Weise bezeichnen; z. B. *koko-na-nsa* (ganz und gar, ursprünglich: in seiner Ganzheit, *vajana-inen* (mangelhaft), *vaka-na-inen* (fest, standhaft).

§ 41. **Distributiv.** Sein Charakter ist -*n*, in Zusammensetzungen mit anderen Suffixen aber -*na*-; z. B. von ersterer Art: *yks-i-n* (allein, einzig), *seisamme yksin* (wir stehen allein), *yhde-n* (sing. Form) oder *yks-i-n kertainen* (einmalig); *kaks-i-n* (je zwei, paarweise), *kahde-n* (sing.) oder *kaks-i-n kertainen* (zweifach, doppelt), *olimme kahde-n* (zwei zusammen, zwei Mann hoch); *kolm-i-n* (drei und drei, je drei).

Das ursprüngliche Suffix -*na* ist erhalten in der Zusammensetzung mit dem Adjectivsuffix -*inen*, Gen. -*isen*; z. B. *yks-i-nü-inen*, Gen. -*ise-n* (einsam, einzig, einzeln, allein), davon der Subst. *yksinä-isyys* für **yksinä-ise-ys* (Einsamkeit, Einzelheit); *kaks-i-na-inen*, Gen. -*ise-n* (doppelt, zwei zusammen, je zwei); *kolm-i-na-inen*, Gen. *kolmina-isen* (dreifach, dreifaltig), davon *kolmi-na-isu-us* (für **-ise-us*, Dreifaltigkeit); *neli-nä-inen* für **neljä-inünen* (vierfältig u. s. w).

Die ursprüngliche Form -*na* (-*nü*) ist in der Zusammensetzung mit den Personalsuffixen erhalten bei *yksi*, St. *yhde-* oder *yhte*: *ovad yks-i-nä-nsä* (sind allein, sunt soli, sibi commissi), *käyn yksinä-ni* (ich gehe allein), *hän yksinä-nsä* (er allein, »ille solus vel solummodo«).

Ehstnisch.

§ 42. **Locativ.** Den alten *n*- Locativ, der auf -*na*, -*ne*, -*n* endigt, finde ich noch in folgenden Wörtern:

taga-na (hinten, hinterdrein, Neus 52, zweimal, 62, zweimal und sonst noch), *taga-ne* (Neus 70), dorptehstn. *taga-n; kodu-na* (zu Hause, daheim, Neus, 85 A., zweimal), *kodu-ne* (dasselbe, Neus 77, zweimal und sonst nicht selten); *kogu-na* (ganz) von *kogu* (Sammlung, Menge, Haufe, also eigentlich in Menge, insgesammt), *kogu-na-s ilma-s* (in der ganzen Welt; -*s* Inessiv-Suffix), *rūkis oma kogu-na-t as'ja* (erzählte seine ganze Angelegenheit), *kogu-ne-s* (alt), *kogu-ne-ste* (bibl.), *kogu-ni*, *kogu-ni-ste* (ganz, gänzlich, ganz und gar), *kogu-ni wali* (gar streng, sehr streng); *kogu-na-ine* (Adj., ganz, unzerstückelt, vergl. Suomi dasselbe Wort und andere); *hulga-na* (dorpt. in Menge, haufenweise), *hulga-ni* (dasselbe) von *hulk*, St. und Gen. *hulga* (Menge, Haufe); *ulgu-na* in *ulguna-meri* (Aussenmeer, freie, offene See, Ocean), vergl. sm. *ulko-na;* *püra-ni* (ganz und gar, ohne Maass) von *püra* (das Letzte, Nachgebliebene, Neige, Ueberrest, Hintertheil); *perä-n* dorpt. hinten, nach) von *perü* (Hintertheil), sm. *perä;* *usse-n* (draussen) von *us's'*, St. und Gen. *usse* (Thür, umzäunter Raum eines Bauerhofes, ursprüngliche Bedeutung bei, an der Thür), vergl. r.-ehstn. *ukse peal seizma* (an der Thür, hinter der Thür stehen) und lapp. *uske-n* (bei der Thür) von *uske* (Thürhaken); *jõge-nal* (an oder in dem Flusse, Neus 32, 6) von *jõgi*, Stamm *jõge* (Fluss), *-na* Locativsuffix, *-l* Adessivsuffix; *wezi-na-lle* (auf dem Wasser), *wezi*(Wasser), *-na* Locativsuffix *-lle* (für *-lla*) Adessivsuffix; *sõda-na* (in dem Kriege), *mis têb sõzar sõda-na* (was macht die Schwester in dem Kriege, Neus 92, B., Zeile 12); *urka-ne-sse* (in der Höhlung); *rinda-ne-sse* (in der Ordnung, in der Reihe) von *rind*, Gen. *rinna* für **rinda* (Brust; *talu-ne-s* (im Hause), *talu* (Bauerhof, Haus), Kalewi poeg I, 26); *nurme-na*, *pilwe-na* (Neus 91) sind wahrscheinlich zu übersetzen auf, an dem Felde, auf, an der Wolke, oder *-na* ist das sehr oft angewandte Anhängsel und *nurme, pilwe* Accusative (Suomi *-n*); *katku kal'l'na küla-na*, die Pest in dem theuren Dorfe (in einem von mir 1866 aufgezeichneten Volksliede).

Den Inessiv auf *-n* im Dorpatehstn. behandle ich hier nicht, weil er wahrscheinlich auf *-sna* zurückgeht und wie im Lappischen durch Assimilation des *s* an *n* enstanden ist. Möglich, dass unter dem Casus auf *-n* in der Bedeutung des Inessivs, auch Locative stecken, die auf *-na* zurückgehen; aber sie sind schwer nachzuweisen.

§ 43. Ablativ vom *n*-Locativ. An zwei *n*-Locative ist im Ehstnischen das Ablativsuffix *-ta, -t* gefügt worden gleich wie an den *l-* und *s*-Locativ: *taga-nta* (altehstn. oder poet.), *taga-nt* (von hinten her); *kodu-n-tu* (altehstn. poet.), *kodu-nt* (von Hause).

§ 44. Temporalis. Den alten Temporalis habe ich im Ehstnischen in folgenden Beispielen vorgefunden:

ku-na (wann, wenn) von dem Pronominalstamm *ku*, *ku-na-s* (wann, -*s* Inessivsuffix), *ku-na-gi* (irgend wann), *ei ku-na-gi* (niemals); *tä-na* (heute), *tä-* Pronominalst. wie im Suomi, *ä* sonst in *e* übergegangen, *te-ma* (dieser) = sm. *tü-ma*, *tü-nä-pä* und *tü-na päew* (heute, ursprünglich an diesem Tage), *täna ae͡sgu*, *tüna pä-ni*, *täna sādik* (bis heute), *täna ōze* (heute in der Nacht), *täna homikul* (heute Morgen), *täna wōde* (heuer, *wōde* = sm. *vuode*, N. *vuosi*), *täna-ne* Gen. *täna-se* (heutig), *täna-w*, Gen. *täna-wa* (heutig, jetzig), *täna-wu* (*wu* aus *wōde*, in diesem Jahr), *tänawune*, Gen. -*wuze* (heurig); *tōna* (dorpt. neulich), aus *tō* der da, jener) = sm. *tuo*, *tōna-eila* (vorgestern), *tō-na homme* (übermorgen), *tōna-ze*, Nom. *tōna-ne* (neulich, neuerdings); *tu-na* und *to-na* = *tō-na*; *kodu-na*, »während des Aufenthalts zu Hause« (Wiedemann).

§ 45. Prädicativ. Seine Endung ist -*na*. In der heutigen Schriftsprache wird er nicht gebraucht. Ahrens behauptet § 101, dass der Ehste ihn kenne und noch jetzt gebrauche. Aus dem § 273 entnehme ich folgende Beispiele:

ajawad heina rohtu-na hunikusse (legen das Heu ungetrocknet, d. h. in dem Zustande des Grases (*rohtu*) in den Haufen); *wezi seizab loiku-na heinamäde peal* (das Wasser steht in Pfützen auf den Heuschlägen); *korde-na on rukkid ilusad* (dem Halme nach ist der Roggen hübsch); *tüdruk tōdi nōre-na seie wal'da* (das Mädchen wurde jung hierher ins Gebiet gebracht); *oleksid sa neid rīdid ūs-i-na näinud!* (hättest du diese Kleider neu gesehn); *wäna wit'sa wōzu-na, üra mine palki-na wäʾnama* (biege den Baum als Ruthe, in dem Zustande der Ruthe, versuche ihn nicht als Balken zu biegen).

In den alten Volksliedern befinden sich noch Spuren des Prädicativs.

Beispiele: *Sīn jōkswad jōed wezi-na*
Seal jōkswad jōed were-na;
sīn hier; *jōkswad* laufen, fliessen; *jōed* die Flüsse; *wezi-na* als Wasser (in der Eigenschaft des Wassers); *seal*, dort (nämlich im Kriege); *were-na* als Blut (in der Eigenschaft des Blutes, aus Blut bestehend. Neus 92, A. 178 f.);

kū on ukse-na ēssa,
der Mond ist als Thür (in der Eigenschaft der Thür, an Stelle der Thür) davor;

wikerkār wibu-na warjuks,
der Regenbogen als Bogen zum Schutz; *wibu*, eine elastische Stange, Bogen (Kal. poeg XI, 927 und 931; es wird dort die Wohnung des Sängers besungen); *kas'te-na* (als Thau, Kal. poeg VIII, 604); *leske-na* (als Wittwe, in der Eigenschaft der Wittwe, Kal. pg. IX, 577);

Nuŕm iks nukkus neitsi-na,
(das Feld (ist) stets im Schmuck als Jungfrau Neus 56, 9).

§ 46. **Genitiv.** Das ursprüngliche Genitivsuffix -*n*, das im Suomi erhalten, ist im Ehstnischen abgefallen; z. B. *silma* (des Auges), sm. *silmä-n*; *mā* (des Landes), sm. *maa-n*; *kivi* (des Steines), sm. *kive-n*.

Das ursprüngliche -*n* ist in einigen Zusammensetzungen auch im Ehstnischen noch bewahrt; z. B. *mā-n-tê*, (Landstrasse), aus *mā-n* und *tê* (Weg, Strasse); *Sô-n-tagana*, aus dem Genitiv von *sô* (Morast) und *tagana* (hinten), Ortsname; *Alle-n-tacken*, Gen. von *alho* (Sumpf), *tacken* = *tagana*, Ortsname, im Deutschen erhalten, im jetzigen Ehstnischen *Alu taguse mā*. Das *n* des Genitivs kommt nur noch in einigen Ortsnamen vor.

§ 47. **Instrumentalis.** Der Instrumentalis wird im heutigen Ehstnischen mit -*ga* gebildet. Früher hat man ihn aber mit -*n* gebildet gleich wie im Suomi. Die Endung -*n* ist aber stets abgefallen.

Beispiele: *palja jalu* (barfuss, mit blossen Füssen), sm. *palja-i-n jalo-i-n*, nach *u* in *jalu* ist ein *i* abgefallen, denn sonst wäre der Stammauslaut *a* bewahrt geblieben; *palja käz-i*, sm. *palja-i-n käs-i-n* (mit blossen Händen);

kuiwa julu (trockenen Fusses, mit trocknen Füssen); *küz-i jalu* (mit Hand und Fuss); *pitk-i silm-i*, sm. *pitk-i-n silm-i-n* (»mit langen Augen«, sehnsüchtig, s. Ahrens S. 111, § 154).

§ 48. **Modalis.** Das ursprüngliche Suffix *-n* ist abgefallen, aber die Bedeutung erhalten.

Beispiele: *hilja* (spät), sm. *hilja-n* od. *hilja-i-n;* *wara* (früh), sm. *vara-i-n* oder *varah-i-n;* *kēle*, *kēli* (in der Sprache); *ku-i* (wie, als), sm. *ku-i-n;* *nī* (so), sm. *nii-n;* *wars-i* (sogleich), sm. *wars-i-n* (gänzlich, sehr) von *warsi* (Stiel, Schaft), St. *warte-* (eigentlich mit Stumpf und Stiel); *kolge* für **kolga-i-n* (winkelweise, districtweise) von *kolk*, Gen. und St. *kolga* (Winkel, Ecke, District); *nurge* (eckenweise) von *nurk*, Gen. und St. *nurga* (Ecke, Winkel); *otse* (gerade, gerade aus) von *ots*, Gen. und St. *otsa* (Ende, Spitze, Stirn); *kõrwu* für **kõrwu-i-n* für **kõrwo-in* für **kõrwa-i-n* und *kõrw-i* für **kõrw(a)-i-n* (neben einander, paarweise) von *kõrwa* (Ohr), sm. *korva-i-n*, von *korva;* *kaua* (lange), sm. *kaua-n* oder *kaua-i-n;* *korra* für **korra-n* (einmal) von *kord* Gen. *korra*, St. *korta* (Reihe, Schicht, Mal, also *korra* ursprünglich schichtweise), sm. *kerra-n* (einmal) von *kerta* (Schicht, Mal). Die von Ahrens § 149 aufgeführten »Adverbe« sind nicht aus Genitiven (»Relativen«) entstanden, sondern sie sind meist singulare Formen des Modalis, die im Suomi und Ehstnischen mit dem Genitiv sing. gleich lauten. Die Grenze zwischen diesem Casus und dem Instrumentalis ist wie im Suomi schwer zu ziehen.

Zu diesem oder dem vorhergehenden Casus gehört eine merkwürdige, gewiss sehr alte Form mit *-ne*, *-ni*, nämlich in *pü-i-ne*, *pü-i-ni*, *pü-i-ne-s*, *pä-i-ni-s* (in den Zusammensetzungen), *üksi-päini* (einzeln, allein, einköpfig), sm. *yksin päin* von *püü* (Kopf, *üü* vor *i* zu *ä* verkürzt), *kaksi-päini* (selbander), *kaksi* für **kaksi-n* (je zwei), *ize-päini* (besonders, abgesondert), *ize* (selbst).

§. 49. **Distributiv.** Das Suffix *-na* (*-ne*) bildet im Ehstnischen aus dem Cardinalzahlwort seine Distributiva, und zwar nur von zwei Zahlwörtern: *üksi-na* (allein, einsam) von *üks* (einer, eine, eins), — daneben *üksi-ne-s*, *üks-ne-s*, *üksi-ne-sse* (bei Neus), *üksi-ne-ste*, *üksi-ne* (Kal. poeg IX, 914, dass.); *kolmi-na* (dorpt., selbdritter, zu dreien, s. Wd. werroehstn. Gr. S. 17). Das *i* vor *-na* (*-ne*) ist wahrscheinlich Pluralzeichen.

Das Suffix *-na* ist sonst abgefallen, aber aus der Bedeutung geht hervor, dass es einst vorhanden sein musste, und zwar zuletzt ohne das schliessende *a* wie im Suomi Modalis; z. B. *üksi* (einzeln, allein); *kaksi* (zu zweien, zweifach); *kolmi* (dorpt. selbdritter, zu dreien).

§ 50. Terminativ. Im Ehstnischen wird sehr oft ein Suffix *-ni* gebraucht, das angibt, bis wie weit etwas an etwas reicht.

Beispiele: *kaęla-ni* oder *kāla-ni* (bis zum Halse, z. B. im Wasser stehen) von *kaęl*, *kāl*, St. und Gen. *kaęla*, *kāla;* *põlw-i-ni* (bis zu den Knien im Wasser, im Schlamm, nass oder schmutzig sein); *silm-i-ni* (bis zu den Augen); *pohja-ni* (bis zum Grunde, zum Boden); *pohjane-ni* (dass., Neus 84, F. 63), wo *ne* kaum anderes als ebenfalls ein Terminativsuffix ist. — Ebenso wie vom Raum, wird der Term. auch von der Zeit gebraucht; z. B. *jõulu-ni* (bis Weihnachten), *hommiku-ni* (bis Morgen); *õhtu-ni* (bis Abend); *püh-i-ni* (bis zu den Festen).

Livisch.

§ 51. Locativ. Von dem alten Locativ sind im Livischen sichere Spuren vorhanden. Sjögren und Wiedemann bezweifeln das Vorhandensein eines Locativs (»Essivs«) im Livischen. In der Einleitung pag. XCII der liv. Grammatik steht: »der Essiv fehlt ganz« — allerdings als eine lebendige Casusform; auf Seite 80 wird weiter behauptet: »Noch weniger oder gar nichts Sicheres ist vom Essiv übrig....' Vielleicht haben wir hier einige Ueberbleibsel des Essivs.« Seite 107 lesen wir: »Von dem Essiv giebt es nur undeutliche Spuren.«

Folgende, von Sjögren-Wiedemann selbst angegebene

Beispiele werden aber zeigen, dass der Locativ (Essiv) erhalten ist, und zwar deutlich.

Kougö-n (weit), St. *kougö*, sm. *kauku* (das Ferne, Weite), *ta um jo kougön jeds* (er ist schon weit voraus).

Kuonn, kuonnö, konn, konnö (zu Hause), bestehend nach meiner Ansicht aus *kuon-n, kuon-nö, kon-n, kon-nö* für *kuod-n, *kuod-nö, *kod-n, *kod-nö von *kuoda, koda* (Haus), indem der Vocal vor dem Suffix, was im Livischen auch sonst in der Regel geschieht, abfiel; *sūl üb uo üb ūt kuonnö* (da ist Niemand zu Hause); *nünt naist umāt amāt kuonnö* (ihre Weiber sind alle zu Hause), sal. *nünt naized om amad konn*.

Tagū-n (hinten, hinter) von *taga = sm. *taka* (das Hintere), *mēg pilọm ūd touiz tagūn* (wir stehen hinter einander, wörtl. wir stehen der eine hinter dem anderen), *ma üb nüe mis sūlga tagūn um* (ich sehe nicht, was hinter dem Rücken ist), *se um kougön tagūn* (er ist weit hinten).

Vela-n, vele-n, vüle-n (sal., aussen, draussen) von *vell* (Feld, also auf dem Felde), vergl. chstn. *wälja-s* (draussen) von *wälja*, Genit. und Stamm (Feld), *nümad om vele-n* (sie sind draussen), *sie tūľ pūgub vela-n* (der Wind bläst draussen).

Kogū-nö-s, kogū-nö-ks (durchaus), vergl. chstn. *koguna, -s* Inessiv, *-ks* Factivsuffix.

§ 52. **Ablativ vom *n*-Locativ.** Das Ablativsuffix *-d, -dọ-, -te-* (sal.) wird dem Locativsuffix *-n* angefügt, gleichwie an das Suffix des *l*-Locativs. Es kommen von der Bildung dieser Art nur folgende Beispiele vor.

Kougö-n-d (von fern, von fern her); *tagā-n-d*, auch *tagā-n-dọ-st*, sal. *tagan-te-st* (von hinten, von hinten her), *-st* Elativsuffix; — sal. *kōn-te-st* (von zu Hause); — sal. *vele-n-te-st* (von aussen).

§ 53. **Temporalis.** *Ku-nā, ku-nā-s*, salisch *ku-na* (wann), aus dem Pronominalst. *ku* (welcher) und dem ursprünglichen, rein erhaltenen Suffix des Temporalis, gerade so wie im Suomi und Ehstnischen, und ich begreife nicht, wie in der liv. Grammatik zweifelnd gesagt werden kann: »scheint, wenigstens in der ersten Form, noch eine Spur des Essivs« (Temporalis) »zu enthalten «; *kunā-gi-d, kunā-gist* (jemals, irgend, wann); sal. *minu ab tied, kuna sūr izand sūlt joudab koda tull* (ich weiss nicht, wann der grosse Herr von dort wird nach Hause kommen können, liv. Sprachproben S. 311). *Ōdö̲-n, ūdö̲-n*, sal. *ūdgi-n* (am Abend, Abends) von *ōdö̲g, ūdug* (Abend).

§ 54. Im Livischen kommt eine Endung *-n* in der Bedeutung des Adessivs, Possessivs, Allativs (Dativs) und Genitivs vor. Sjögren und Wiedemann bezeichnen diesen Casus mit dem Namen »neuer Dativ«. Ueber die Herkunft und die ursprüngliche Bedeutung dieses neuen Dativs sind sie sehr im Unklaren. Ihre Ansicht widerspricht der thatsächlichen Entwickelung. Ich gebe die von Sjögren und Wiedemann angeführten Beispiele dieses »modernen Casus« in der Anordnung und Folge wieder, wie sie sich nach meiner Ansicht aus der ursprünglichen Bedeutung allmälig entwickelt haben, und zeige dann, welcher Ansicht Sjögren und Wiedemann sind. Der Casus auf *n* in den genannten vier Bedeutungen wird in der Einleitung pag. XCII und XCIII sowie in den §§ 75 und 76 behandelt.

1. **Adessiv auf -*n*.** In der livischen Grammatik § 76, S. 77 heisst es: »... der Casus auf *n* ... zeigt hin und wieder die locale Bedeutung des Adessivs; z. B. *tuoizö̲-n nüeb pö̲zāt (püzāgt), eṅtšö̲-n ̗(eṅšö̲-n) üb nüe baľkö̲* kann durchaus nur aufgefasst werden als »an dem Anderen sieht er den Splitter, an sich sieht er den Balken nicht«, denn ein Dativ im Sinne des Deutschen ist hier nicht zulässig, und der Genitiv (des Anderen Splitter sieht er, seinen Balken sieht er nicht) würde wieder eine andere Wortfolge erfordern, *tuoizö̲n pö̲zāgt nüeb küll*, und in dem zweiten Theile ausserdem wohl gewiss *eṅtš (eṅš) baľkö̲ üb nüe«; nüe-b* er sieht, *pö̲zāg-t* den Balken, Splitter, *üb* nicht. Nur dieses eine Beispiel steht in der liv. Grammatik aufgeführt; aber auch dies allein genügt, um zu zeigen,

dass der Adessiv im Livischen noch vorhanden ist, und dem Geiste der finn. Sprachen gemäss früher häufiger im Gebrauch gewesen sein muss.

2. **Possessiv.** Der Adessiv »drückt mit dem dazu gesetzten oder hinzu gedachten Zeitwort »sein« das allen finnischen Sprachen fehlende Zeitwort »haben« aus«; z. B. *vōllö-n (vollön) um appön makā* (das Bier hat einen saueren Geschmack, wörtl. an dem Bier ist ein saurer Geschmack, ehst. *ōlu-l on (om) hapu magu*, wo *-l* Adessivsuffix ist und für *-lla* steht); *is uo sūdāmt tümmö-n* (er hat kein Herz, wörtl. in ihm (*tämmö-n*) ist nicht Herz); *tümmö-n um ūd rontöd* (er hat ein Buch, wörtl. bei ihm ist (*um*) ein Buch, ehstn. *tema-l on üks rāmat*); *petūksö-n lītö-d jālgad* (die Lüge (hat) kurze Beine, eigentl. an der Lüge (sind. kurze Beine, ehstn. *wōle-l lühiksed jalad*).

Dieser Possessiv ist weiter nichts als der Adessiv mit dem Zeitwort »sein« (vergl. im Ersa-Mordwin. und Ostjak. das Betreffende).

3. **Allativ oder Dativ auf *-n*.** »Er entspricht erstens dem sogenannten Dativ. commodi und incommodi oder Dat. ethicus der Alten, und kann daher bisweilen im Deutschen mit der Praeposition »für« ausgedrückt werden,« z. B. *ta sie ventis ulz, sis ta tümmö-n sai t'erröks ne ke se tuoi* (er streckte sie aus, da wurde sie ihm gesund wie die andere); *tuogid minnö-n täm tān* (bringt ihn mir her); *se um minnö-n lūlam* (es ist mir schwer); *kui sin lapstö-n lüeb* (wie geht es deinen Kindern); *kārnös kārnö-n silmö üb radl'ö* (der Rabe hackt dem Raben nicht das Auge aus); *seda um vanād jālgadö-n ūdöl pāval küll küedöd* (das ist für die alten Füsse an einem Tage genug gegangen):

»Der Dativ wird zweitens so ziemlich bei denselben Zeitwörtern gebraucht, welche auch im Deutschen mit diesem Casus construirt werden«, z. B. *ānda öbizö-n* oder *öbistö-n vetā* (gieb dem Pferde oder den Pferden Wasser); — *töö miedö-n pietulūb p'eri miest kūl* (den Arbeitern kommt es zu auf den Wirth zu hören); *koŕa paint laskīs ne lamböd sudūdö-n jera sööd* (der Viehhüter überliess die Schafe den Wölfen aufzufressen); und so ferner bei *äpt* (helfen), *opät* (lehren), *vēl'* (erlauben) u. a. m. bei Wd. Der Dativ der ersten Art scheint sehr nahe dem Adessiv zu stehen. Ueber seine zweite Bedeutung und Form später.

§ 55. Genitiv. Die ursprüngliche Endung des Genitivs, *-n*, ist im Livischen gewöhnlich abgefallen. Doch steht sie öfters bei enger Verbindung mit einem nachfolgenden Nomen, besonders wenn das regierende Wort mit einem Vocal anfängt, aber auch ohne diese Rücksicht auf den zu vermeidenden Hiatus (Sjögr.-Wied.).

Beispiele: *sū-n orn* (Gesichtstuch); *pā-n ouk* (Knopfloch, Schlitz im Weiberrock); *mielö-n mötköd* (des Herzensgedanken); *sööm-n aiga* (Essenszeit, Speise); *júom-n aiga* (Trinkenszeit, Trank); — *ta um min izā-n sulli* (er ist meines Vaters Knecht); *se laps um min jemā-n kazāndöks* (dies Kind ist meiner Mutter Zögling).

»Besonders häufig hört man den Gen. mit *n* vor einigen vocalisch anlautenden, als Postpositionen gebrauchten Nomina.«

Beispiele: *jog-n aig* (an den Bach, *aig*, wohin, von *aiga* Rand, ursprüngl. an den Rand, also *jog-n aig*, an den Rand des Baches); *sāina-n aig* (an die Wand); *mier-n aig* (an das Meer); *piški jel mötsā-n aigās* (ein kleines Haus am Walde, *aigā-s*, an, bei, *-s* Inessivzeichen, ursprüngl. am Rande, also *mötsā-n aigās*, an, bei dem Rande des Waldes); *ma peislöb tul-n aigās* (ich wärme mich beim Feuer); *visk ne lūd lōda-n ala* (wirf die Knochen unter den Tisch, *ala*, wörtlich in das Untere, also *lōda-n ala*, in das Untere des Tisches); *pin magūb līdan all* (der Hund liegt unter dem Tische, *all*, unter, Suomi *alla*, eigentlich auf dem Unteren, also *lōdan all*, auf dem Unteren des Tisches).

Der Genitiv wird gebraucht, »zum Theil sogar regelmässig, wenn er allein steht, ohne das regierende Wort, und man sagt zwar *se um min iza koda* (das ist meines Vaters Haus), aber *se um täm entšö-n* (das ist sein eigenes); *kien um se koda? min izā-n* (wessen ist das Haus? meines Vaters).

§ 56. In der Einleitung pag. XCII der liv. Grammatik steht: »In Kurland hat sich merkwürdiger Weise ein neuer Dativ auf *n* gebildet für den ausser Gebrauch gekommenen Adessiv und Allativ, womit die verwandten Sprachen unsern Dativ ausdrücken, während im salischen Dialekt die in eine Form zusammenfallenden Adessiv und Allativ noch bis zuletzt für diese Beziehung im Gebrauch geblieben sind.« Statt dessen würde ich gesagt haben: In Kurland haben sich aus dem alten Locativ auf *n* (früher **na*) ein Adessiv und Allativ auf *n* gebildet, die jetzt zum Theil unserm Dativ entsprechen, wie im sal. Dialekt aus dem Locativ auf *l* (früher *lla, lle*) ein Adessiv und Allativ auf *l*, die jetzt für dieselbe Beziehung im Gebrauch sind.

Vor der Behandlung des »Dativs« auf -*n*, § 75, heisst es: »Für den Fall, wo im Ehstnischen der Adessiv und Allativ im Sinne eines lat. Dativs gebraucht werden, ersetzt die livische Sprache in Kurland diese beiden Casus durch eine moderne Casusform, vielleicht in Nachbildung des lettischen Sprachgebrauchs, oder wenn sie antiken Ursprungs sein sollte, wenigstens durch eine moderne Verwendung derselben, wofür die nächst verwandten Sprachen keine Analogie bieten.« Diese Stelle hat den Vortheil, dass man ersehen kann, dass dem Verfasser auch der, meiner Ansicht nach einzige richtige Gedanke vorgeschwebt hat, denn er spricht, wenn auch mit Zweifel vom »antiken Ursprung und moderner Verwendung.« Ja, die Form des Casus ist **antik**, aber seine Verwendung oft **modern**. In Bezug auf die Form, nämlich -*n*, bieten die nächst verwandten Sprachen allerdings keine wesentlichen Analogien, aber nur **jetzt** nicht. Jedoch sind so viele Beispiele und Analogien in den nächst verwandten Sprachen noch aufzuweisen, dass man mit Sicherheit annehmen kann, dass die moderne Verwendung dieser Casusform auf einer älteren Verwendung beruht.

Hierauf werden in der Grammatik die von mir zuletzt angeführten Beispiele des neuen Dativs behandelt, zuerst wo er dem deutschen Dativ entspricht, dann wo er dem Dativ. commodi und incommodi, und dann wo er als Adessiv das Possessivverhältniss ausdrückt.

Im § 76 werden die Beispiele für den Genitiv gegeben und seine Berührung mit dem »Dativ« auf -n charakterisirt. Jedoch sind die Beispiele nicht derart, dass man zu der Ueberzeugung kommen könnte, dass der eine dieser Casus auf livischem Boden aus dem anderen entstanden sei. Doch sagt Wiedemann in demselben § (S. 77): »Aus dem Angeführten geht hervor, dass erstens der Casus auf n, wie er im Finnischen Genitiv heisst, auch im Livischen unzweifelhaft noch jetzt in diesem Sinne gebraucht wird, und zweitens vielfach Genitiv und Dativ sich begegnen und zusammenfallen können; so darf man denn vielleicht schliessen, dass dieser neue Dativ eigentlich der ursprüngliche Genitiv ist, und dass, je mehr man sich gewöhnte ihn in jenem Sinne zu gebrauchen, der Genitiv desto mehr zur Unterscheidung das n verlor und sich der ehstnischen Bildung dieses Casus anschloss.«

Der Genitiv kann nicht diesem »neuen Dativ« zu Grunde gelegt sein; er geht auf den Possessiv zurück und dieser wieder ist mit dem Adessiv identisch. Der neue Dativ geht aber auch auf den Adessiv zurück. Hier haben sie sich ursprünglich begegnet. Dieses Begegnen und Zusammenfallen muss schon vor der Trennung des Livischen von dem gemeinsamen Westfinnischen Stamme statt gefunden haben. Die Ostfinnischen Sprachen geben davon Beweis genug. Doch davon später.

Am meisten hat sich der Verfasser hierauf, am Schlusse der Behandlung des n-Casus, geirrt, und hier ist es wo ich ganz entgegengesetzter Ansicht sein muss. Es steht nämlich dort (S. 77) Folgendes: »An einer reactionären Bewegung hat es indessen hier auch nicht gefehlt, so nämlich, dass der Casus auf n, welcher doch eigentlich an die Stelle des localen Casus, des Allativs und Adessivs, getreten ist (der Verfasser denkt hier an den Adessiv und Allativ auf -*l*) doch hin und wieder selbst diese locale Bedeutung zeigt.« Hierauf folgt dann das bereits unter Adessiv angeführte Beispiel *tuoizön nüeb* etc., welches doch ein Beweis ist, dass hier eine sehr alte Bedeutung des Casus auf -*n* erhalten ist, wie in anderen finnischen Sprachen.

Endlich sagt der Verfasser: »Noch auffallender ist das Adverb, in welchem sich doch sonst noch am meisten die eigentlichen Localcasus erhalten haben, *kougọ̈n* (weit), vielleicht nur zufällig an die finnische Essivform *kaukana* anstreifend, und davon sogar noch ein Surrogat des Ablativs *kougọ̈nd* (von weitem).«

Hier sind wir auf denjenigen Punkt und auf diejenige Bedeutung des *n*-Casus gekommen, wovon ich im Livischen ausgegangen bin, ebenso wie im Suomi und Ehstnischen, und wovon man naturgemäss mit der Forschung der *n*-Casus ausgehen muss. Wir haben hier keine »reactionäre Bewegung.«

Der Adessiv ist älter als der Dativ, weil die Localcasus ja älter sind als die mehr geistigen Casus, die der Beziehung. Die Entwickelung aller finnischen Sprachen zeigt, dass man von den Localcasus ausgehen muss, um zur Bedeutung der mehr geistigen, z. B. des Dativs und Genitivs, zu gelangen.

Wiedemann selbst sagt darüber in seiner wotjakischen Grammatik ganz zutreffend: »Merkwürdig ist es, dass die Hauptcasus anderer Sprachstämme, Genitiv, Dativ und Accusativ hier sehr zurücktreten, z. Th. keine oder nur eine nicht ausschliessliche Bezeichnung finden, die Localcasus dagegen als die wichtigsten erscheinen, ein Merkmal eines ziemlich primitiven Zustandes der Sprache, da man gewiss mit Recht annehmen darf, dass die sinnlichen örtlichen Beziehungen die ersten sind, welche eine Sprache auszudrücken sich genöthigt sieht, das stärker hervortretende Bedürfniss aber nach Ausdrücken für die causalen Beziehungen mit der Geistescultur fortschreitet.«

§ 57. Modalis. Die Endung ist -in, zu theilen kaum anders als -i+n, i Pluralzeichen. Der Plural muss hier den Singular ganz verdrängt haben, wie er ihn im Suomi grösstentheils verdrängt hat. Die Bedeutung dieses Casus ist nicht allzufern von dem ursprünglichen n-Locativ. Beispiele: *Kŏrd-i-n* (reihenweise) von *kŏrda* (Ordnung, Reihe, Mal); *úokt-i-n* (in Schauern, schauerweise) von *úokt* Schauer; *tšupī-n* (haufenweise, in Haufen) von *tšupā* (der Haufe); *sam-ī-n* (im Schritt, Schritt vor Schritt) von *sam*; *vak-ī-n* für *vakii-n für *vakāin (loofweise, ursprünglich loofenweise); — *amī-n pāv-i-n* (zu ganzen Tagen) von *ama* (ganz), *pāva* (Tag); *póul-i-n pāv-i-n* (zu halben Tagen); — *kōg-i-n* (lange), sm. *kaua-i-n* für *kauka-i-n, ehstn. *kaugi*; *küll-i-n* (seitwärts, auf der Seite) von *külg* (Seite).

§ 58. Distributiv. Die Distributivzahlen werden mit demselben Suffix gebildet wie der Modalis; z. B. *ükš-i-n* (je einer oder einzeln); *kakš-i-n* (je zwei oder zu zwei); *kuolm-i-n* (je drei); *nēl-i-n* (je vier) u. s. w.

Es kommt noch eine vollere Form auf *-ni-* vor in *ükš-ni-s* (einzig, allein), sowie in *ükšüg-ni-s* (allein), vergl. ehstn. *üks-ne-s;* *ū-ni-s* (zugleich, mit, mitsammen) für **üd-ni-s,* vergl. *üd-kŏrdlimi* (einerlei, einfach) und dorpat-ehstn. *ütte-lise*, revalehstn. *üht-lasi*.

Neben *ükšin* kommt auch *üdŏ-n* (je einer) vor, vergl. dorpatehstn. *ütte-n*. Dies ist gewiss eine sonst ungebräuchlich gewordene singulare Form der Distributivzahl.

Auch von Substantiven werden mit der Endung *-in* Distributiva gebildet, z. B. *ānda jega üdŏn vernig-i-n* (gieb jedem je einen Ferding).

Wotisch.

§ 59. Locativ. Der Locativ auf *-na* kommt in einigen Partikeln vor:

taka-na (hinten); *kauka-na* (weit weg); *koto-na* (zu Hause); *tüwe-nü* [1] (bei, eigentl. an dem Stamme, Ende)

---

1 Wot. Gramm. S. 95, 25. Vers.

von *tüwi*, St. *tüwe* (Stammende, unteres, dickeres Ende eines Baumes etc. im Ehstn. und Suomi), vergl. ehstn. *jūre-s* (bei, eigentl. an der Wurzel) von *jūr* oder *jū'r*, St. *jūre* (Wurzel); *kokonā* (ganz, ganz und gar).

Im Kreewinischen, das, wie von Wiedemann[1]) erwiesen, mit dem Wotischen zunächst verwandt ist, kommen folgende Locative auf *-n* vor: *takka-n* (hinten, richtiger: »*taka-n*«): *kaške-n* (mitten), *tüwe-n* (bei), *ätte-n* (vor, richtiger: »*ete-n*«, St. *ede* oder *ete*, Nom. *esi* das Vorne).

§ 60. Temporalis. Seine Endung ist *-na*, (*-nä*), *-n*, *-nn* oder *-nne*.

Z. B. *päiwa-nä* (am Tage); *talwe-na* (im Winter, während des Winters); *õhtogo-na*, *õhtogo-n*, *õhtogo-nn* (am Abend); *tä-na-n*, *tä-na-nne* (heute), wo Suffixe des Temporalis hinzugefügt sind, nach dem die Bedeutung des ersten, ursprünglichen Suffixes vergessen worden war; *tänann õhtogon* (heute Abend); *õhtogon tõ tagās kõik* (am Abend bringe alle (*kõik*) zurück, s. wot. Gramm. von Ahlqvist S. 116); *tō-nā* (vor einiger Zeit, »för en tid sedan«), ehstn. *tō-na*, sm. *tuo-na-in*.

§ 61. Prädicativ. Seine Endung ist auch im Wotischen *-na*; seine Bedeutung wesentlich dieselbe wie im Suomi.

Beispiele: *pū-na* (als Baum), *pū-i-na* (als Bäume); *sõrme-na* (als Finger); *õliwat s'älko-na*, *awasi wärjä'*, *a lentiwät lintu-na wärjüssü* (sie waren als Füllen (in der Eigenschaft von Füllen), er öffnete das Thor, und sie flogen als Vögel (in der Eigenschaft der Vögel) aus dem Thore). Es ist hier (wot. Gr. S. 116 der Chrestom.) von den Töchtern des Teufels, die durch Zaubermacht in alle nur erdenkliche Gestalten sich verwandeln konnten, die Rede; sie waren in der Eigenschaft von Füllen erschienen, und augenblicklich in der der Vögel. *Nainē' kõlme aigassaikā jarwe-na õli* (das Weib war drei Jahresfristen als

---

[1] Ueber die Nationalität und Sprache der jetzt ausgestorbenen Krewinen in Kurland. St. Petersb. 1871.

See, d. h. an die Stelle der Eigenschaft des Weibes war durch Zauberwort die des Sees getreten. Wot. Gramm. S. 120. *Se jāti-na ataman ihse*, als der Hengst (war) Ataman (wohl: der Teufel, der Böse, zu verstehen) selber, Wot. Gr. S. 117).

§ 62. Genitiv. Das ursprüngliche Genitivsuffix -*n* ist im Wotischen abgefallen, der kurze Vocal im Stammauslaut verlängert und an die Stelle des *n* der Hauchlaut ' getreten. Z. B. *kala* (Fisch), Gen. *kalā*'; St. *sīli*' (Igel), Gen. *sīli*'; St. *pū*, Gen. plur. *pu-d'ē*'.

§ 63. Instrumentalis. Seine Endung ist abgefallen. Sie muss zuletzt *n* gewesen sein, denn Alles tritt ein, was beim Abfall der Genitivendung *n* eingetreten ist: Verlängerung des kurzen Vocals im Stammauslaute und der Hauchlaut am Schluss des Wortes; z. B. *pall'a-ī' čäsi* (mit blossen Händen).

§ 64. Modalis. Sein Charakter-*n* ist abgefallen wie bei den beiden vorhergenannten Casus; z. B. *kuī'*, sm. *ku-i-n; nī*, sm. *nii-n*; *kaugā'*, sm. *kaua-n* für **kauka-n*; *üw-ī-*' (gut); *paho-i-*' (schlecht, böse).

§ 65. Distributiv. Sein ursprüngliches Suffix ist ebenfalls verloren gegangen; z. B. *ühē*', *kahē*', *kõlmē*' und im Plural *ühsī*', *kahsī*', *kõlmī* u. s. w.

Der Singular des Distributivs hat die Bedeutung der Gemeinsamkeit; z. B. *mō̃ assusimma tētü mō̃ kõlmē*' (wir gingen längs des Weges drei zusammen). Der Distributiv plur. hat die Bedeutung des Ungefähren; z. B. *kasenna talwena ewät jawot mahsa linnaz kui kõlmī', nell'ī' rubl'ī'* (in diesem Winter kostet nicht das Mehl in der Stadt (nämlich St. Petersburg) mehr als ungefähr 3, 4 Rubel).

Wepsisch.

§ 66. Locativ. Der Locativ endigt auf -*nn* oder -*n*. Folgende Beispiele kann ich mit Sicherheit als alte Locative anführen: *taga-nn* (hinten); *edä-ha-nn* (weit weg); *ülü-ha-nn* (oben); *alaha-nn* (unten), *alahann-päi* (unten weg); *lüs-n* oder *lähe-nn* (nahe, bei), *h* aus *s* entstanden, weil letzteres zwischen zwei Vocale zu stehen kam, vergl. cerem. *liš-na* (nahe, in der Nähe).

§ 67. **Temporalis.** Vom Temporalis finde ich folgende Beispiele: *t'ä-nä-m-bäi* (heute); *homenn* aus *homen-n* (morgen); *kaika-n* (immer, beständig); *kons* aus *ko-n-s* (wann, wenn, als). Was das *s* bedeutet, weiss ich nicht mit Bestimmtheit anzugeben, vermuthe aber darin das Inessivsuffix *-s*.

§ 68. **Praedicativ.** Das Suffix des Prädicativs ist in Zusammensetzungen mit den Personalsuffixen *-na-*; sonst *-nn*, selten *-n*.

Beispiele: *minu-na-in* (als ich), *sinu-na-iš* (als du), *häne-na-ze* (als er, sie, es); *mei-na-moi* (als wir), *tei-na-tei* (als ihr), *hei-na-ze* (als sie); *in, iš, ze, moi, tei, ze* sind Personalsuffixe; — *ma-nn*, plur. *ma-i-nn* von *ma* (Land); *kala-nn*, plur. *kalõ-i-nn* von *kala* (Fisch); *silma-nn*, plur. *silm-i-nn* von *silma* (Auge); *kive-n*, plur. *kiv-i-n* von *kivi* (Stein); *si-n* (als dieser) von *se* (der, dieser); *ni-n* (als diese) von *ne*, Nom. plur. *ne-d*.

§ 69. **Genitiv.** Mit *-n* wird wie im Suomi der Gen. sing. gebildet; im Gen. plur. ist diese Endung abgefallen.

Beispiele: *pu-n* (des Baumes), plur. *pu-i-d'e*; *kala-n* (des Fisches), plur. *kalõ-i-d'e*; *valgta-n* (des weissen), plur. *valgt-i-d'e*.

In dem Ojat-Dialekte ist das *-n* auch im Gen. plur. erhalten; z. B. *lugu-i-den* von *lugu* (Erzählung, s. Lönnrot, S. 51).

§ 70. **Modalis.** Der Modalis endet auf *-n*.

Beispiele: *ku-n* (wenn), welches sehr oft in dieser singularen Form in den Sprachproben vorkommt: *hüv-i-n* gut; *hub-i-n* übel; *se-n* (so) von *se* (der, dieser).

Sehr oft ist das *-n* abgefallen, z. B. *piga-i(-n)*. sm. *pia-n* für **pika-n* (bald) von *pika* (Eile), ehstn. *peą, pią* (dorpt.); *amu(-n), amo-i(-n)*. sm. *ammo-n. ammo-i-n* (vorlängst, vormals). ehstn. *ammu(-n); silo-i* oder *silõ-i*. sm.

sillo-i-n (dann, damals); *pä-i*, z. B. in *läsn-päi* (von der Nähe), vergl. sm. *pü-i-n* (gegen, -wärts), *minua püin* (gegen mich), *sinne päin* (dahinwärts) von *püä* (Kopf, Ende, Spitze).

§ 71. Distributiv. Den *n*-Casus finde ich nur bei einer Zahl wohlerhalten wieder; nämlich bei *üks*, St. *ühte*, Gen. *ühte-n*, *üks-nü-ine* (einerlei), *-ine* Adjectivendung; *üht-nü-gi*, *üht-nü-goi* (gleich, sogleich, im Augenblick), vergl. sm. *yhte-nü-nsü* (in Einem fort, immerfort). — —

§ 72. Fassen wir die Resultate der bisherigen Untersuchungen über die *n*-Casus in den westfinnischen Sprachen in Betreff der Form zusammen, so ersehen wir, dass die vollste Form *-na* (*-nü*) in allen genannten Sprachen vorkommt. Dass diese Endung die älteste sein muss und fast alle anderen Formen der *n*-Casus als Veränderungen derselben aufzufassen sind, kann man schon daraus schliessen, dass diese Form (*-na*, *-nü*) oft in sehr alten, dem Volke nicht mehr als *n*-Casus bewussten Wörtern auftritt. Die östlicheren finnischen Sprachen und die Nomina bildenden Suffixe auf *-na* (*-nü*) lassen es vollends als unzweifelhaft feststellen, dass *-na* (*-nü*) die älteste Form ist, neben dem auch *-ne*, das oft die Richtung irgend wohin angiebt, uralt zu sein scheint. Ueberhaupt liegt es in der Natur der Sprache, dass die vollen Formen allmählig abgestumpft werden. Von der Endung *-na* ist das schliessende *a*, namentlich wenn es nicht durch ein anderes Suffix geschützt wurde, abgefallen oder in einen anderen Vocal geschwächt worden, dann ist auch dieser verloren gegangen. Endlich ist in denjenigen Sprachen, die im Auslaute fast überall *n* abgeworfen haben und überhaupt fast in allen Wortbildungselementen (im weiteren Sinne) noch eine Stufe dem Verfall näher getreten sind, auch das casusbildende *-n* verschwunden.

§ 73. Was den Locativ, den Temporalis und Praedicativ betrifft, so liegt es auf der Hand, dass ihre Endung *-na* (*-nü*) das ursprüngliche Suffix ist.

Das doppelte *-nn* im Locativ des Wepsischen bei

Ahlqvist ist wohl zur Unterscheidung von anderen auslautenden -*n* blos stärker ausgesprochen. Wir hätten auch im Locativ ein -*na* neben -*nn*, wenn diesem Casus noch ein anderes Suffix angefügt worden wäre, wie im Temporalis und Praedicativ.

§ 74. Das Suffix -*n* hat im Adessiv (Possessiv) und Allativ (Dativ) des Kurisch-livischen die Endung -*l* (-*lö*) bis auf »einzelne bestimmte Wörter, Fälle und Formeln, die als starrgewordene Adverbformen erhalten sind«, verdrängt, wie andererseits durch das Suffix -*l* (ursprünglich -*lla*, -*lle*) die Endung -*n* des Adessivs und Allativs im Salisch-livischen und in den westfinnischen Sprachen überhaupt so oft verdrängt worden ist.

Wir sehen die Endung -*n* in allen ihren Bedeutungen vorkommen, aber in der einen westfinnischen Sprache mehr in dieser, in der anderen mehr in jener Bedeutung, und in der vollkommensten unter allen westfinnischen Sprachen, im Suomi, noch fast in allen gebräuchlich. So dürfen wir gewiss voraussetzen, dass in einer gemeinsamen westfinnischen Periode das -*n* mehr und lebendiger gebraucht wurde, und dass nach der Trennung in einer Sprache mehr diese, in einer andern mehr jene Bedeutung des *n*-Casus erhalten blieb. Wie im Livischen der *n*-Casus in seiner Bedeutung als Praedicativ spurlos verschwinden konnte und eine anders lautende Endung jetzt seine Bedeutung vertritt (liv. Gr. § 78), so konnte auch der *n*-Casus in seiner Bedeutung als Adessiv lebendig erhalten bleiben und allmählig einen anderen, der mit ihm ähnliche Bedeutung hatte, verdunkeln.

Ein Vocal ist hinter dem -*n* des Kurisch-livischen abgefallen, wie auch hinter -*l*, wo dieses als Endung noch erhalten ist. Hinter -*l* ist, wie die verwandten Sprachen zeigen, beim Adessiv *a*, beim Allativ *e* gewesen. Ob nun das -*n* in allativer Bedeutung ein *e* gehabt, oder ob dieses -*n* auf -*na* sich zurückführen lässt wie beim Adessiv, kann man nicht mehr entscheiden.

§ 75. Der Comitativ ist nach Jahnsson (§ 41) immer mit dem Personalsuffix verbunden. Dies mag die Ursache der Erhaltung des Vocals (*e*) sein. In der That sehen wir, dass das *-n*, wo es ohne Zusatz steht, den Vocal hinter sich verloren hat.

Im § 41, Anm. 3 lehrt Jahnsson, dass der Comitativ selten mit einem Attribut zusammen stehe, und wenn ein solches vorkomme, so werde das Attribut in den Instructiv (welche Benennung den Modalis und Instrumentalis vorliegender Abhandlung umfasst) gesetzt; z. B. *mies muutti kaik-i-n kalu-i-ne-nsa maalle* (der Mann zog mit sammt allen seinen Fischen aufs Land); *isäntä om-i-n väk-i-ne-nsa sai kaikki pellon työt toimeen* (der Hausherr mit seinen Knechten zusammen (und seine Knechte) war im Stande, alle seine Feldarbeit zu bewerkstelligen).

Der Form nach sind *omin* und *kaikin* allerdings Instructive, aber der Bedeutung nach Comitative. Ein *e* ist hinter *-n* abgefallen, weil es an einem folgenden Suffix keine Stütze hatte. Wir haben hier also einen Comitativ auf *-n* für *-ne*. Dies hat Herr Jahnsson auf meine Anfrage zugestanden, indem er dazu bemerkte, dass in diesem Falle wohl das *e* geschrieben, aber nicht mehr ausgesprochen werde. Ueberhaupt wird im Suomi ein *e* selten im Auslande geduldet.

§ 76. Die wenigen, meist veralteten ehstn. Partikeln auf *-ne-s, -ni-s*, die livischen auf *-ni-s*, gehen nach meiner Ansicht auf *-na-nsa* zurück.

Z. B. Suomi *eri-nü-nsä* (entfernt, geschieden), ehstn. *ära-ni-s* (in Zusammensetzungen), *ize-äranis* (besonders (*ize*, selbst), eigentlich ganz besonders), liv. *jerä-ni-s* (ab, weg, fort); die ehstn. und liv. Formen sind vielleicht nicht von dem sm. Adj. *eri*, sondern von dem Subst. *erä* (ferner Ort), abgeleitet, in der älteren Bedeutung »in der Ferne, weit weg«; Suomi *ikä-nü-nsä* von *ikä* (Lebensalter, Zeitalter), *ei ikünänsü* (niemals), *kuka ikä-nü-nsä* (irgend welcher), ehstn. *iga-ne-s* (irgend); Suomi *koko-na-nsa* (ganz und gar, eigentlich in seiner Gesammtheit), ehstn. *kogu-ne-s* (gänzlich), liv. *kogu-nö-s* (durchaus); sm. *pää-nü-nsä* (überhaupt) von *pää*

Kopf), ehstn. *pü-i-ni-s* und *pü-i-ne-s* (hier plur. und in etwas verschiedener Bedeutung), *üksi-päinis* (einzeln, ganz allein), *kaksi-päinis* (selbander, eigentl. zweiköpfig); sm. *yks-i-nä-nsä* (ganz allein), ehstn. *üks-i-ne-s* oder *üks-ne-s*, altehstn. *üks-i-ne-sa* oder *üks-i-ne-se*. livisch *üks̆-üg-ni-s* (allein, ganz allein).

Der Beweis, dass hier die ehstn. und liv. Formen gerade auf diese Weise mit dem Suomi zusammenhängen, ist nicht schwer zu führen. Das *n* fällt im Ehstnischen vor *s* in der Regel fort, z. B. *käs'* für **käsi*, sm. *kansi*. Das Suomi *-nsa* lautet im Revalehstnischen in einigen Fällen *-sa*, z. B. sm. *varsina-nsa*, revalehstn. *warsina-sa* (s. Ahrens § 102). Im Wotischen lautet das Suomi *-nsa* ebenfalls *-sa*. Im Wepsischen, das dem Livischen in vieler Hinsicht sehr nahe steht, lautet es *-ze*. Die ehstn. und die liv. Sprache hat sonst sehr oft die Endvocale verloren, und so muss es auch hier geschehen sein. Die Schwächung eines *a* zu *e* und dann zu *i* (oder *ÿ* im Livischen) sind vor den hinzutretenden Endungen nicht selten.

§ 77. Fragen wir nun nach der ursprünglichen Form der Endung des Modalis, Instrumentalis und Distributivs, so weisen Beispiele darauf hin, dass sie früher auf einen Vocal ausgelautet hat und zwar auf *-na* (*-nü*) und (später) auf *-ne*, woraus dann wohl die ehstn. Endung *-ni* hervorgegangen ist.

Was zunächst die Endung *-na* (*-nü*) betrifft, so haben wir aus unsern Beispielen schon ersehen, dass sie in der Bedeutung des Modalis etc. vorgekommen ist. Hierbei muss ich bemerken, dass die Suomi Endung *i-n-*, *-n* fast gleichbedeutend ist mit *-i-na*, *-na*, wenn diesem andere Suffixe folgen. Wir können schon daraus schliessen, dass die ursprüngliche Form von *i-n* jenes *i-na* war, welches in der Zusammensetzung erhalten blieb. Z. B. mit voller Form *yks-i-nä-nsä* (allein), aber ohne Suffix *-nsä yks-i-n* (dass.). Andere Beweise später.

Im Ehstnischen ist der Vocal *a* in einigen Wörtern

erhalten, wo er im Suomi abgefallen ist; z. B. werro-ehstn. *kolm-ina* (je drei) = sm. *kolm-i-na* (je drei); ehstn. *rinnu-na* (Brust an Brust, nebeneinander, in der Reihe, reihenweise) für **rinno-i-na* für **rinna-i-na* neben *rinna* für **rinna-n* und *rinnu* für **rinnu-i-n* in derselben Bedeutung, von *rind*, Gen. *rinna* (Brust, Reihe, Fronte) = sm. *rinna-n* und *rinno-i-n*; ehstn. *rinnuna pegle tulema* (in einer Reihe darauf losgehen); sm. *käywät rinnan* oder *rinnoin* (»pari passu ambulant, aequales sunt«).

Das *-ne* im ehstn. *pü-i-ne* neben *pü-i-ni* (s. § 49) ist sicherlich eine sehr alte Form, unbedingt älter als das *-n* in Suomi *pü-i-n*.

Die Endung *-i-ne*, die im Ehstnischen an den Comparativ gefügt wird, ist nach meinem Dafürhalten eine besser als im Suomi erhaltene plurale Form des Modalis; z. B. ehstn. *enne-m-i-ne* (vorher, eher, noch eher, vielmehr), *enne-m-i* (bevor, eher als, oes. Dial.) für **enne-m-i-n*, *enne-ma* für **enne-ma-n* singulare Form des Modalis, von *enne-m* (mehr), Gen. *enne-ma* für **ennemma* für **ennemba*, sm. *enne-mm-i-n* (eher, lieber) von *enne-mpi*, Gen. *enne-mmä-n* für **enne-mpä-n*, Compar. von *ensi* für **enti* (das Vordere), St. *ente*, assim. *enne*; ehstn. *ena-ma* oder *ene-ma* (mehr, noch mehr, bei Hupel) von *ena-m* (mehr), sm. *enä-mmä-n* oder *ene-mmä-n* oder *enä-mm-i-n* oder *ene-mm-i-n* (mehr) von *enü* oder *ene*, Adj. (mehr, viel); ehstn. *kaue-m-i-ne* (länger), sm. *kaue-mm-i-n* (länger) von *kaue-mpi* für **kauke-mpi*, Compar. von *kauka* (das Ferne, Weite); ehstn. *wähe-ma* (weniger, s. Ahrens § 160) für **wähema-n* von *wähe* (wenig), würde im Suomi **wühemmä-n* lauten; ehstn. *wäge-m-i-ne* (lauter), Modalis eines Compar. von *wägi* (Kraft, Macht, Gewalt); ehstn. *pare-m-i-ne* oder *para-m-i-ne* (besser), sm. *pare-mm-i-n* (dass.) von *pare-mpi* oder *para-mpi*, Gen. *pare-mma-n* oder *para-mma-n* (besser); ehstn. *ware-m-i-ne* (früher) von *wara* (früh), sm. *ware-mm-in* (früher).

Wie hier das Ehstnische, so hat, wie wir (§ 34) gesehen, in anderen Fällen das Suomi die alte Endung merkwürdigerweise gerade nach dem Comparativstamme bewahrt.

Das ehstn. Suffix *-ne* muss aus *-na* entstanden sein wie im Locativ so auch im Modalis etc. Wie aus *taga-na taga-ne*, aus *kodu-na kodu-ne* wurde, so muss auch *kogu-ne* (bei Hupel) aus *kogu-na*, *püra-ne* aus *püra-na* und *üks-i-ne* aus *üks-i-na* sich entwickelt haben. Der Uebergang des *e* in *i* ist aber im Ehstnischen wie auch im Suomi sehr oft eingetreten. Auf diese Weise müssen die Formen des Modalis in denjenigen Beispielen, die ich unter dem Locativ aufgeführt habe, entstanden sein.

Im Instrumentalis, Modalis und Distributiv des Suomi muss ein auslautendes *e* hinter *n* abgefallen sein wie im verwandten Comitativ, wenn kein weiteres Suffix angetreten ist. Wie bekannt, wird auslautendes *e* im Suomi nicht geduldet; *a* hätte sich im Auslaut gehalten.

§ 78. Die Adverbe auf *-mbu-zi* (*-mbü-zi*) im Werroehstnischen gehören zum Modalis und sind aus Adjectiven auf *-i-se* (Nom. *-i-ne*), die vom Comparativstamm abgeleitet sind, entstanden.

Z. B. *pare-mbu-zi* (besser) für *pare-mbo-i-zi für **pare-mba-i-ze-i-n* oder *pare-mba-i-ze-n aus *pare-mba-i-ne (der bessere), Gen. *pare-mba-i-se, sm. *pare-mma-i-ne-n* (der bessere) für * *parempa-i-ne-n* Gen. *pare-mma-i-se-n* von *pare-mpi*, St. *pare-mpa* (der bessere); *enü-mbü-zi* (mehr) von *enä-mbü-i-ne, Gen.**enä-mbü-i-se; kõwe-mbü-zi* (härter) aus einem Adjectiv *kõve-mbä-i-se, von dem Comparativ *köve-mb* aus *kõve-mbü (*kove-mba).

Alle ehstn. Adverbe auf *-ze*, *-zi* (*-se*, *-si*) sind ursprüngliche Modalisformen, die aber ihre Endung *-n* verloren haben.

Dass Adverbe wie *taga-si* (zurück) auf sm. *taka-i-s(e)-i-n* von *taka-i-ne-n*, Gen. *taka-i-se-n* zurück gehen, hat Ahrens bereits gesehen (§ 154). Jedoch ist das, was er § 158, 6 vorbringt, zu berichtigen.

§ 69. Das ehstn. Suffix *-ti*, *-te* hat die Bedeutung des Modalis und Distributivs und ist nach meiner Ansicht aus -*ttain* (-*tta-i-n*), -*tain* (-*ta-i-n*), -*ten* (-*te-n*), den Modalis- und Distributivformen (»Instructiv«) der Verbalnomina des Suomi, entstanden, indem von -*te-n* die Endung -*n* abfiel und von -*tta-i-n* ausserdem auch das *a* vor *i* (was auch sonst häufig der Fall) schwand.

Beispiele: *pit'kiti* oder *pitkuti* (der Länge nach, in der Länge), sm. *pitkittü-i-n* (der Länge nach, längs) aus *pitkittü-e-n*, *pitkittü-te-n, St. *pitkittü-te (Verlängern) von *pitkü* (lang); *paiguti* (stellweise, hier und da), sm. *paikotta-i-n* (stellweise) von *paikka*, ehstn. *paik*, Gen. und St. *paiga* (Stelle, Ort, Platz); *pōliti* für *pōlitai(-*n*) oder *pōlitu* wohl für *pōlitoi, *pōlitai (zur Hälfte), sm. *puolitta-i-n* (hälftenweise, theilweise) von *puoli* St. *puole* (Hälfte, halb, Seite, Theil); *pōigeti* oder *pōigiti* (der Quere nach, in die Quere) von *pōik*, Gen. *pōigi* (Quere), sm. *poikitta-i-n* oder *poiketta-i-n* (quer); *ajuti* (zuweilen), sm. *aivotta-i-n* (zuweilen, stundenweise); *kaksiti*, dorpt. *katsiti* (zu beiden Seiten, namentlich von Füssen beim Reiten), sm. *kaksitta-i-n* (paarweise, *kaksitta-a* paarweise vereinigen oder trennen) von *kaksi*, ehstn. *kaks* (zwei); *ōiete*, *ōieti* (gerade, in gerader Richtung, recht, eigentlich), sm. *oijete-n*, *oijeti* für *oijetin (gerade, sogleich); *wastate* (wechselweise), sm. *vastate-n*, Modalis (»Instructiv«) des Verbalnomens *vastate* für *vastatte (was entgegen ist, »locus contrarius«); *jōude*, *jōute* (müssig, unbeschäftigt, — eilig), sm. *joute-n* für *jouta-e-n* für *jouta-te-n von *jouda-n* für *jouta-n* (ich bin müssig, habe Zeit); *pidi* (an, gegen, -wärts, nach), *alas-pidi* (abwärts), *küt pidi* (an der Hand), sm. *pitü-i-n* für *pitü-e-n, *pitü-te-n und *pite-n*, Modalis vom St. *pitüte* (Halten) von *pidü-n* (ich halte).

Ahrens hat eingesehen, dass dieses Suffix »die Art und Weise« bezeichnet; dass es aber aus -*tta-i-n* entstanden ist, weiss er nicht; denn sonst hätte er es mit dem Suomi verglichen, wie die übrigen »Adverbe«. Er hält *ti* und *te* für »Endsylben, welche an Nominal- oder Verbalformen gefügt werden« (§ 158). Nur dass ehstn. *jõude* oder *jõute* auf Suomi *joute-n* und *pidi* auf sm. *pitä-i-n* zurückgeht, hat er (§ 154) angegeben.

Boller (Band 11, S. 976) hält *ti*, *te* für ein »Casusaffix, welches eine Bewegung in die Ferne bezeichne«, nennt es Penetrativ und vergleicht es mit dem syrjän. Casus auf *-ti*. Durch Unkenntniss der Entstehung dieses Suffixes und durch die Bedeutung desselben bei Wörtern, deren Stamm schon einen Raum, eine Richtung bezeichnet, ist er irregeleitet worden und auf gewagte Vermuthungen gerathen.

§ 70. Der ehstn. Terminativ auf *-ni* geht vielleicht auf *-ne* zurück und ist verwandt mit dem Modalis und Instrumentalis. Der Modalis (»Instructiv«) im Suomi giebt auch neben der Art und Weise die Richtung an; z. B.

poik' oli porossa polw-i-n,
kypenissa kyynas-wars-i-n

(der Knabe war in Asche bis zu den Knieen, in den Funken (im Gluthaufen) bis zu den Armen).

Doch hierüber wie über manches Andere der *n*-Casus später.

Uebersicht der Endungen.

	Suomi.	Ehstnisch.	Livisch.	Wotisch.	Wepsisch.	Aelteste belegbare Formen im Westfinn.
Locativ	-na, -nä	-na, -n	-n	-na	-nn	-na (-nä)
Temporalis	-na, -nä	-na	-na, -n	-na	-na, -nn, -n	-na (-nä)
n-Ablativ		-n-ta, -n-t	n-d, -n-te-			-n+ta (*na+ta)
n-Adessiv			-n			-n
n-Allativ (Dat.)			-n			
Praedicativ	-na, -nä	-na	-n, -(n)	-na	-na-, -nn	-na (-nä)
Genitiv	-n	-n, -(n)	-(n)	-'	-n, -(n)	-n
Comitativ	-ne-, -n	-(n)	-(n)	-'		-ne
Instrumentalis	-n	-(n)	-n	-'	-n, -(n)	-n
Modalis	-n	-(n), -na, -ne-, -ni	-ni-		-nii-, -(n)	-na, -ne
Distributiv	-na-, -nä-, -n	-na, -ne, -(n)				-na, -ne

Lappisch.

§ 71. Im Lappischen ist der Inessiv auf *-sne* oder *-sn* nicht selten zu *-nne* oder *-nn* assimilirt und *-nn* dann zu *-n* geworden. Es ist daher mitunter schwer zu unterscheiden, ob einem Casus auf *-n* ein ursprüngliches *-na* oder *-sna* zu Grunde liegt; zumal hier in Bezug des Uebergangs von der einen Bedeutung zur andern nicht selten uns Wunderliches begegnet. Später, wenn ich zu dem Inessiv auf ursprüngliches *-na* komme, werde ich darüber genauere Untersuchungen anstellen. In folgenden Fällen aber habe ich Grund *-n* als auf ursprüngliches *-na* ausgehend zu betrachten.

§ 72. Locativ. Der Locativ auf *-n*, in Zusammensetzungen *-na-* (*-nä-*) kommt in folgenden Partikeln vor.

Duökke-n (hinten), *duökke-na-m* (hinter mir), vergl. Suomi *taka-na;* Kjelvig lä dom vare *duökke-n* (K. ist hinter jenem Felde); — schwed-l. *tuoke-n;* — En.-rel. *tuõhhe-n*.

Gukke-n (weit, weit weg, fern); — schwed.-l. *kukke-n* (fern); En.-l. *kukke-n*, vergl. sm. *kauka-na*.

Gaska-n (unter, zwischen), *gaska-nä-me* (unter uns), *gaska-nä-de* (unter euch), vergl. sm. *keske-nä-mme* (unter uns), *keske-nä-nsa* (unter sich).

Olgo-n (aussen, draussen), vergl. sm. *ulgona;* olgon čovgad jo (draussen hell schon); — schwed.-l. *ulko-n*.

Uske-n (bei der Thür) von *uske* (Thürhaken), vergl. dorpt.-ehstn. *usse-n* (draussen); — Enare-l. *vuölle-n* (unten), vergl. sm. *alaha-na*.

Oarje-n (im Süden); *madde-n* (im Süden); *davve-n* (im Norden); *muorta-n* (in Nordost).

Hierher gehören noch vielleicht manche Locative, doch bin ich in der Wahl derselben nicht sicher, ob das *-n* ursprünglich ist, oder durch Assimilation aus dem Inessivsuffix (*-sn*) entstanden ist.

§ 73. Temporalis. Der Locativ der Zeit auf *-n* kommt in folgenden Partikeln vor.

Itte-n (am Morgen); *vaggje-n* (in der Abenddämmerung); *čiedhdh-n* (in der Morgendämmerung); *vulgim vaggje-n ja bottim čiedhdha-n* (ich reise (ab) in der Abenddämmerung und kam (zurück) in der Morgendämmerung). — Enare-l. *ahe-na-n* (immer), finnmärk. und schwed.-l. *ikke-ne-s*, vergl. sm. *ikü-nü-än*, *ikü-nü-nsü*, ehstn. *igane-s* (Enare-l. *ahe*, finnm. *akke*, schwed.-l. *ake*, sm. *ikü* (Lebensalter).

§ 74. Praedicativ. Der Praedicativ hat in allen lapp. Dialekten das Suffix -*n*, in Zusammensetzungen mit den Personalsuffixen aber das ursprüngliche -*na*.

Beispiele: *dat čuovgai golle-n ja silba-n* (es glänzte wie Gold und Silber); *legjim su lut balvalügje-n, muoragüsetalle-n* (ich war bei ihm als Diener, als Wasserträger); *dam gajbedam mon güdnegasvuotta-n dust* (dies fordere ich als eine Schuldigkeit von dir); — *gietta-na-m* (als meine Hand); *dakko-na-m* (als meine That); *boccu-nü-me* (als unsere Rennthiere); *ječča-na-m* (als ich selbst), *ječča-na-d* (als du selbst).

In folgenden Beispielen, die Friis unter den Praedicativ stellt, gehört das Suffix -*n* nicht zum Praedicativ, sondern zum Locativ (resp. Inessiv) auf -*n*.

Z. B. *manno lü nuossame-n* (der Mond ist im Abnehmen); *olbmuk lük bouttame-n girkost* (das Volk ist kommend, beim Kommen, aus der Kirche); *läm lokkame-n* (ich bin beim Lesen, andauernd beim Lesen, beim Lesen begriffen), *legjim lokkame-n* (ich war im Lesen), vergl. reval.-ehstn. *lugema-s*, dorpt.-ehstn. *lugema-n*.

§ 75. Factiv. Friis bezeichnet den Factiv (oder Translativ) auf -*n* auch mit Praedicativ. Wenn auch beide Casus verwandt sind und der Form nach zusammen fallen, so ist doch eine Unterscheidung der Bedeutung wegen nöthig. Der Factiv wird gebraucht, um die Veränderung eines Dinges oder Zustands in etwas Neues zu bezeichnen.

Beispiele: *gavja-n šaddat* (zu Staub werden); *dassago muolda-n šaddak, mast lük valdujuvvum* (bis du zu Staub, wirst woraus du genommen bist); *gutte visesë-n ječus lokka, jalla-n šadda* (welcher sich für weise hält, wird ein Thor); *aldsim oasetësvuotta-n lüm mon dakkam nu* (zu meinem eigenen Unglück habe ich so gehandelt).

§ 76. Genitiv. In dem finnmärk. Hauptdialekt ist das ursprüngliche Genitivsuffix abgefallen. »Im schwedischen Lappischen und in den südlicheren norwegischen Süddistricten kommt der Gen. auf *-n* noch ganz regelmässig vor.« Doch sind manche der Genitive, die Friis anführt, im Grunde Accusative auf *-n*. In manchen Dialekten wird wohl der Accusativ auf *-n*, aber nicht der Genitiv auf *-n* gekannt.

Beispiele aus dem finnmärk. Hauptdialekte: *jogha* (des Flusses), Nom. und starker Stamm *jokka;* *giedha* (der Hand), Nom. und starker St. *gietta; dagho* (der That), starker St. *dakko; — sullu* (der Insel), schwacher St. *suolo; mallas* (der Mahlzeit), schwacher St. und Nom. *malës*.

Beispiele aus dem schwedisch-lappischen Dialekt von Vefsen: *Jetanas oceti goddat dan boares aka-n gallab* (das Ungeheuer suchte zu tödten den Mann der alten Frau) von *akka*, Gen. *aka-n* (die Frau); — *müra-n* (des Meeres), *todno-n* (der Tonne), *sauca-n* (der Sau), *vuonca-n* (der Henne), *monne-n* (des Eies); »*buölle märan duökkesne le solo, ja dan solusne le todno, ja dan todno-n sisne le akta sauca, ja dan saucan sisne le vuonca, ja dan vuonca-n sisne le monne, ja dan monnen sisne le mo hegke*« (hinter dem brennenden Meere (wörtl. auf dem Hintertheile (*duökke-sne*) des brennenden Meeres) ist (*le*) eine Insel, und auf der Insel ist eine Tonne, und in (*sisne* wörtl. in dem Innern) der Tonne ist eine Sau, und in der Sau ist eine Henne, und in der Henne ist ein Ei und in dem Ei ist meine Seele (Leben). Friis, lappiske Sprogprøver, Scite 107).

Das *-n* ist in diesem schwedisch-lapp. Dialekt als Endung des Genitivs regelmässig erhalten, gleich wie im Suomi. In anderen schwedisch-lappischen Dialekten finden sich hie und da Spuren davon.

§ 77. Comitativ. Der Comitativ hat das Suffix *-in*,

in Zusammensetzungen *-ina-*, im Pronomen *-ina-* und *-in;*
i ist Pluralzeichen, *-n* oder *-na* Comitativsuffix. Der Singular des Comitativs ist aus dem Plural desselben entstanden. Der Plural hat *gujm* (mit) für *-in* angenommen.
Diese Postposition kommt von *guojme*, starke Form *guojbme*
(Genosse, Begleiter) her.

Beispiele: *Härra lekkus du-i-na, din gujm* (der
Herr sei mit dir, mit euch); *mu-i-na* (mit mir), *su-i-na*
(mit ihm); *gä-i-na vulgik dokko? Gujm-i-na-m, vanhemida-m gujm* (mit wem reistest du hierher? Mit meinem
Weibe, meinen Eltern); *dato-i-n* (mit Willen); *oaba-i-n*
(mit der Schwester); *moaj' Hans-i-n* (ich und (wir beide
mit) Hans).

In dem Dialekte von Koutokäjno wird der Comitativ
von denjenigen Substantiven, welche im Nom. sing. auf
einen Consonanten auslauten, mit *-na* gebildet (s. Friis
§ 48, Anm. 2).

§ 78. Instrumentalis. Der Instrumentalis wird
von „Friis (und von Anderen) auch Comitativ genannt,
und mit ihm zusammen behandelt. Wenn diese Casus
mit einander auch verwandt sind und die Formen zusammenfallen, so ist doch wegen mancher Erklärung die
Unterscheidung nöthig.

Beispiele: *čuoppat avšo-i-n* (mit der Axt hauen);
čellat penna-i-n (mit der Feder schreiben); *vuögjet herg-i-n* (mit dem Rennthierochsen fahren).

In den Instrumentalis wird bei dem Verbum kaufen
der Preis gesetzt, wofür man Etwas kauft; z. B. *son lü
oastam dam vädnas biergo-i-n. guvt-i-n herg-i-n* (er hat
das Boot gekauft für (mit) Fleisch, für (mit) zwei Rennthierochsen); *ma-i-na lük oastam dam nibe? Rudha-i-n*
(wofür (womit) hast du das Messer gekauft? Für (mit)
Geld).

§ 79. Modalis. Sein früheres Suffix *-n* ist, wenigstens in der singularen Form, immer abgefallen; z. B.
finnmärk. *go*. schwed.-lapp. *go*. Enare-lapp. *ko* = sm.
ku-n (wenn, als); finnm. *gukka*, schwed.-lapp. *kukke*,

Enare 1. *kuha*, = sm. *kaua-n* für **kauka-n*; Enare-1. *ilmc* = sm. *ilma-n*, ehstn. *ilma* (ohne); schwed.-l. *arvo* (ungefähr) für **arvo-n* von *arvvo* (Werth) = ehstn. *aru, arw* (Begriff, Rechnung, Anschlag) = sm. *arvo* (Werth); finnmärk. *suöle* = sm. *sala-n* und *sala-i-n*, ehstn. *sala* (heimlich).

§ 80. Distributiv. Wie im Modalis, so ist auch im Distributiv ein *-n* abgefallen; z. B. *oft-i* oder *okt-i* (einmal); *guft-i* oder *gukt-i* (zweimal); *golbm-i* (dreimal); — *guöktas-i guöktas-i* (zwei und zwei, paarweise), von *guöktes* (*guöftes*, zwei, eine Sammlung von zwei).

Aeltere Formen sind erhalten in *ofta-n*, *ofta-na-gha* oder *okta-na-gha* (zugleich); *ofto-ne-ssi* (allein). — —

§ 81. Wir haben gesehen, dass im Loc., Temp., Praed., Comit., Instr. und Factiv, neben der Endung *-n* ein volleres *-na* (*-nü*) vorkommt. Diese vollere Form *-na* ist, mit verwandten Sprachen verglichen, z. B. Suomi, Ostjak. etc., die ursprüngliche. Ein schliessendes *a* ist hier, wie auch sonst im Lappischen abgefallen, wo aber das *a* von einem anderen Suffix gestützt wurde, da ist es erhalten. Meiner Meinung nach sind die Formen auf *-na* (*-nü*) die von Alters her erhaltenen. Friis (§ 100) erklärt dagegen, dass das *a* ein Bindevocal wäre, ebenso das *ü* vor den Dualsuffixen *-me*, *-de* und *-sga*, wie auch vor den Pluralsuffixen der ersten und zweiten Person, *-mek* und *-de*, als auch vor dem Singularsuffix der dritten Person das *e*. Er macht zwischen dem *n* und *a*, *ä*, *e* einen Strich, z. B. *akan-am*. Es müsste aber *aka-na-m* getrennt werden. Ursprüngl. *a* wird auch sonst im Lappischen vor *s* zu *e* und *i* (s. Friis § 59).

Uebersicht der Endungen.

	Finnmärkisch.	Schwedisch-lapp.	Aelteste belegbare Formen.
Locativ	-n, -na- (-nä-)	-n	-na
Temporalis	-n, -ne-	-n, -na (*Enare-l.*)	-ne, -na
Praedicativ	-n, -na-	-n	-na
Factiv	-n, -na-		-na
Genitiv	-(n)	-n	-n
Comitativ	-n, -na		-na
Instrumentalis	-n, -na-		-na
Modalis	-(n)	-(n)	
Distributiv	-(n), -na-, -ne-		-na, -ne

Wolga finnische Sprachen.

Mordwinisch.

Ersa - Mordwinisch.

§ 82. Locativ. Der Locativ endigt auf *-ne* (*-na*). Er kommt nur in folgenden Partikeln vor:

Vaks-ne (in der Nähe) von *vaks* (Spanne); *eks-ne* (dabei, daneben); *kardas-na* (draussen, im Hofe) von *kardas* (Hof); *es-ne* (mit, bei, in) von *es* syrjänisch *as* (Körper, selbst).

§ 83. Temporalis. Seine Endung ist gleich der der Locativs. Nur folgende Beispiele kommen vor:

Tši-ne (am Tage); *ve-ne* (in der Nacht); *ška-ne* (zu der Zeit); *tel'-ne* (im Winter); *tsas-ne* (in der Stunde).

§ 84. Possessiv. Im Ersadialekt kommt ein Possessiv auf *-ń* vor, der für die Erklärung des Genitivs aus dem Adessiv sehr wichtig ist. Wiedemann nennt ihn wie den eigentlichen Genitiv den »possessiven Genitiv« zum Unterschiede vom Accusativ auf *-ń*, den er »objectiven Genitiv« nennt. Ich trenne alle drei von einander. Den Accus. auf *-ń* (objectiven Genitiv nach Wiedemann) werde ich an einem anderen Orte behandeln. Zu den von Wiedemann angegebenen Bedeutungen füge ich die genaueren, wörtlicheren bei.

Wiedemann lehrt darüber § 46: »Eigenthümlich ist im Mordwinischen der Gebrauch des possessiven Genitivs in Verbindung mit dem Zeitwort »sein« oder seiner Negation, um das deutsche »haben« und »nicht haben« auszudrücken...«. Das den Genitiv regierende Wort, Object des Zeitwortes »haben«, hat dabei regelmässig noch das Possessivsuffix, und wenn der Genitiv nur ein Personalpronomen sein sollte, so begnügt man sich — wie auch sonst — häufig damit, die besitzende Person mit dem Possessivsuffix allein zu bezeichnen«; z. B. *mo-ń araś mirde-m* übersetzt Wiedemann »mein Mann ist nicht (ich habe keinen Mann)«, wörtlich aber heisst es: bei mir ist nicht mein Mann (*-m*, mein); *to-ń uľneźt vüte mirde-t*, »deine fünf Männer waren (du hattest fünf Männer)«, wörtl. bei dir waren deine (*-t*) fünf Männer; *mo-ń uli oľa-m* »meine Macht ist (ich habe Macht)«, eigentlich bei mir ist meine Macht; *oime-ń telazo lovażazojak araśt*, »eines Geistes Leib und Knochen sind nicht (ein Geist hat nicht Leib und Knochen), wörtlich aber heisst es: bei, in, an einem Geist sind nicht Leib und Knochen; *kona-ń araś*, »wessen nicht ist« (wer nicht hat)« wörtli. bei wem nicht ist!

Wir haben es hier mit einem reinen Possessiv zu thun, wie im Livischen, wo er Dativ genannt wird, und im Ostjakischen; z. B. liv. *tümmö-n um ūd rontöd*, bei ihm ist ein Buch (»er hat ein Buch«); ostj. *Ruťna wáx tájem*, »bei dem Russen ist (der Russe hat) Geld.«

§ 85. Genitiv. Sein Suffix ist -*ń*.

Beispiele: *ava-ń*, Nom. *ava* (Mutter); *kśe-ń*, Nom. *kśe* (Brot); *tśi-ń* Nom. *tśi* (Tag); *kudo-ń*, Nom. *kudo* (Haus); — *pazo-ń*, Nom. *paz* (Gott); *brato-ń*, Nom. *brat* (Bruder); *salmokso-ń*, Nom. *salmoks* (Nadel); — *oie-ń*, Nom. *oi* (Oel); *riveze-ń*, Nom. *rives* (Fuchs); *vede-ń*, Nom. *ved* (Wasser); *lomane-ń*, Nom. *lomań* (Mensch).

Wiedemann hält das *o* und *e* vor *ń*, wenn dieselben im Nom. nicht vorhanden sind für Bindevocale. Dies kann, wenigstens nicht immer, der Fall sein; denn im Nom. sing. ist, verglichen mit verwandten Sprachen, der auslautende Vocal abgefallen, im Gen. vor der Endung -ń aber erhalten. Wiedemann lehrt, dass die Wörter auf *i*, bei denen schon der Nominativ daneben *ie* hat, den Genitiv von dieser letzten Form bilden, so *ie-n* von *i*, *ie* (Jahr). Wenn nun hier das *e* im Nom. abgefallen wäre, so würde Wiedemann dasselbe im Genitiv für einen Binde-Vocal halten.

§ 86. **Allativ**. Im Ersamordwinischen kommt ein vielgebrauchter Allativ (Dativ) auf *nen* vor. Er bezeichnet hauptsächlich eine Annäherung oder Richtung irgendwohin.

Beispiele: *tuž loma-tne-nen* (er ging zu den Menschen); *liseź lija mirde-nen* (sie ging zu einem anderen Manne, d. h. sie heirathete); *ve-nen* (zur Nacht, auf die Nacht); *kona-nen kirdevi* (für wen es erträglich ist. Weitere Beisp. Wied. § 47).

§ 87. **Collectiv**. Ein Suffix *-ne* wird im Ersamordwinischen bei der Bildung der Gesammtzahlen angewandt; z. B. *kolmo-ne-sk* (alle drei), *sisem-ne-sk* (alle sieben); *kavtonek* (»zusammengezogen aus *kavto-ne-nek*«) wir (*-nek*) beide, allein, zusammen), *kavto-ne-nk* (ihr (*-nk*) beide), *kavto-ne-st* (sie (*-st*) beide); *kolmo-ne-nk* (ihr drei).

Dieses Suffix *-ne-* wird also ähnlich dem *-na* (*-nä*), *-ne-*, *-n* des westfinn. Zahlworts gebraucht. Wiedemann nennt *-ne-* Diminutivform der Cardinalzahlen.

Mit der Diminutivendung *-ne* hat aber diese Endung blos die Form gemein. Das Suffix *-ne* bezeichnet ja beim Zahlwort eine Zusammengehörigkeit.

Mokscha-Mordwinisch.

§ 88. **Locativ**. Vom Locativ finde ich in Ahlqvist's Wörterverzeichniss nur ein sicheres Beispiel, nämlich *to-n* (da), St. *to* wie in *to-za* (dahin).

§ 89. **Temporalis**. Seine Endung ist *-nü*. Er kommt »nur an einigen wenigen Wörtern vor«. Ahlqvist führt folgende Beispiele an: *fkü t'al-nü* (im Laufe eines Winters) von *t'ala* (Winter); *fkü śi-nü* (an einem Tage) von *śi* (Tag).

§ 90. Genitiv. Die Endung des Genitivs ist, wenn ein Wort auf *a* auslautet, ein *ṅ*, sonst ein *-n*. Beispiele: *ava-ṅ*, St. *ava*, Nom. *avā* (Weib); *silmy-n*, Nom. *silmü* (Auge); *kudy-n*, Nom. *kud* (Hütte); *viri-n*, Nom. *vir* (Wald).

§ 91. Dativ. Seine Endung ist *-ṅdi* oder *-ndi*, aus *-ṅ-* oder *-n-di*; z. B. *ava-ṅ-di*, Gen. *ava-ṅ*, Nom. *avā* (Weib); *selmy-n-di*, Nom. *selmü* (das Auge). Das Suffix *-di* steht nach *n* für *-ti*. Letzteres bildet den Dativ der bestimmten Declination. Ahlqvist hält die Endung *-n-* vor *-di* für Genitivsuffix.

§ 92. Modalis. Das Suffix *-na* (*-nü*) an folgenden Pronominalstämmen halte ich für die Endung eines sonst verloren gegangenen Modalis.

Koda-nü (wie), *kodanü-kodanä* (wie immer), Stamm *koda* in *koda-ma* (was für einer), čeremissisch *kuda* (welcher); *t'aftū-na* (also), St. *t'afta* in *tafta-ma* (so einer), *sta-na* (so), St. *sta* in *sta-ma* (ein solcher).

§ 93. Collectiv. Die Collectivzahlen werden wie im Ersamordwinischen durch das Suffix *-ne-* und die dazugefügten Personalsuffixe gebildet; z. B. *kafynek* (vergl. ersa-mordw. *kavtonek*, das nach Wiedemann aus *kavto-ne-nek* zusammengezogen ist); *kafy-ne-nt* (ihr zwei, vergl. ersamordw. *kavto-ne-nek*); *kafy-ne-st* (sie zwei, vergl. ersam. *kavto-ne-st*). Ahlqvist lässt diese Formen unerklärt, denn er übersicht das *-ne-*, welches doch eigentlich den Collectivbegriff ausmacht (s. seinen § 99). —

Čeremissisch.

§ 94. Locativ. Im Čeremissichen finde ich einen alten Locativ auf *-na* in einigen Partikeln. Wiedemann erwähnt ihn nicht, Boller auch nicht. Folgende Beispiele kann ich mit Sicherheit als Reste des Locativs anführen.

Tü-na (draussen), wo *tü* Stamm ist, wie in *tü-gu*

(hinaus); Matth. 26, 69. *Petr ža tüna šinzen dworašta* (Petrus aber sass draussen im Hofe).

Liš-na (nahe, in der Nähe), vergl. weps. *lühe-nn* und *läs-n*, dorpat-ehstn. *lühü-n*; Matth. 21, 1. *Jerusalim doko lišna ylmežt godam* (als sie nahe bei Jerusalem waren).

Mindyr-na (weit), St. *mindyr* wie in *mindyr-ka* (weit hin); *mindyrna eće tydan ylemža godam* (wenn er noch weit ist).

Küš-na (oben), *küše-cen* (von oben her); Marc. 11, 26 *at'a tümdan küšna il'ša* (euer Vater, welcher oben wohnt).

Myrt-na (bei, an); S. 20, 12 *iktam wuj' myrtna, wes'am wara jal myrtna* (den Einen am Haupte, den Anderen am Fusse).

Die Endung *-n*, die auch den Modalis bildet, kommt häufiger in Partikeln vor. Z. B. *dora-n* (bei, an), St. *dora* wie in *dora-c* und *dora-cen* (von, aus, Wiedemann § 179); *širga-n wazenet* (sie fielen auf das Angesicht nieder, Wiedemann § 13); *tole-n* (kommend), *uže-n* (sehend, Wiedemann § 138).

§ 95. Temporalis. Der Locativ der Zeit hat die Endung *-na* und *-n*. Die Endung *-na* finde ich bei drei Pronominalstämmen mit später hinzugefügtem Suffix *-m*, das auch die temporale Bedeutung hat.

Ku-na-m (wann? als, da), von dem Interrogativpronommen *kü?* (wer?) für *ku* und *ku* in *kuda* (welcher); Matth. 24, 3 *kelešem'a mül'ana, kunam tyda lieš* (sage uns, wann diess geschen wird?); 26, 1 *kunam ty šamakwl'am Jisus kelešen* (als Jesus diese Worte gesprochen hatte).

Ty-na-m (dann, darauf, da) von *ty* (dieser, der, derjenige) neben *ty-da*; Matth. 24, 6 *tynam agal pičašluk* (dann ist nicht das Ende); 2, 16 *tynam Irod togadajen* (da merkte Herodes).

Juža-na-m (einst) von *juža* (einer, Jemand).

Wat-na (am Abend) von *wada* (der Abend) hat auch ohne ein folgendes Suffix das ursprüngliche *-na*.

Die Endung *-n* als Zeitbestimmung kennt Wiedemann und giebt § 13 darüber Beispiele an; *kuda caša-n* (zu welcher Stunde); *ty subbota-n kogo keća ylen* (an diesem Sabbath war ein grosser (Fest-) Tag.)

§ 96. Genitiv. Seine Endung ist *-n*.

Beispiele: *p'ulkoma-n* (des Himmels); *vida-n* (des Wassers), *kü-n* (des Steines); Matth. 24, 27 *teńge lieś edema-n erga-n tolśaśluk caś* (so wird sein des Menschen Sohnes Kommens Stunde).

Den Accusativ auf *-n*, den Wiedemann den objectiven Genitiv nennt, werde ich an einem anderen Orte behandeln.

§ 97. Modalis. Der Casus der Art und Weise auf *-n* ist in Adverben noch erhalten.

Beispiele: Matth. 14, 13 *jala-n kejen* (er ging zu Fusse), Suomi *jala-n*, ehstn. *jala* für **jala-n*; 6, 32 *puśa-n* (zu Schiffe); *ara-n* (in der Reihe), *aran-aran* (reihenweise); Joh. 3, 9 *ma stat'a-n* (auf welche Weise, Wiedemann § 13).

Der Modalis wird auch von Adjectiven gebildet; z. B. *jażo-n* (gut); *kogo-n* (gross, sehr) von *kogo* (gross); *pura-n* (gut, wohl); *pińgada-n* (fest); *kel'ga-n* (tief); Wiedemann § 246.

§ 98. Distributiv. Die Endung der Distributivzahlen ist *-n*. Sie werden mit Verdoppelung der Zahl gebildet.

Beispiele; Matth. 26, 22 *tyngalenet tyda gyc jadaś ikta-n ikta-n* (sie fingen an ihn zu fragen einzeln); Marc. 6, 8 *tyngalen nynam koltaś kokta-n kokta* (er fing an sie zu schicken je zwei und zwei, paarweise). Wiedemann § 98.

§ 99 Collectiv. Collectivzahlen werden ebenfalls mit der Endung *-n* gebildet. Der Stammauslaut ist jedoch vor Endung *-n* neben *a* auch *y*. Z. B. Luc. 12, 52 *kumuty-n wisl'anut koktyt wl'an, i kokty-n kumut wl'an* (drei zusammen werden streiten gegen zwei, und zwei zusammen gegen drei). Hierher gehören auch *śuka-n* (ihrer Viel), *cyl'a-n* (Alle insgesammt).

§ 100. Im Locativ und Temporalis, wo das Mokschamordwinische -*nü* und das Westfinnische -*na* hat, weist das Ersamordwinische -*ne* auf, wie denn überhaupt im Ersamordwinischen *e* westfinnisches *a* vertritt; z. B. *tele,* Suomi *talvi* (Winter), St. *talve; kerafmo,* ehstn. *karistus* (Strafe). Daraus können wir ersehen, dass das ersamordwinische Suffix -*ne* für ein älteres -*na* steht.

Das mordwinische *ń* im Genitiv steht nach meinem Dafürhalten für das ältere -*ne.* Dies ersehen wir schon daraus, dass, wenn hinter *ń* ein *e* zu stehen kommt, die Mouillirung aufhört; z. B. *lomań* (Mensch), Gen. *lomane-ń; tśemeń* (Rost), *tśemenev* (rostig). Dies geschieht auch bei allen Adjectiven auf -*ń*, welche nach Wiedemann possessive Genitive »im weitesten Sinne« sind (s. Ersamordwin. Gr. § 17 und 25). Das -*ń* der Adjective entspricht aber dem westfinn. -*ne*-, z. B. ersamordw. *k'äve-ń,* sm. *kiv-i-ne-n* (steinern). Ja wir finden in Zusammensetzungen wirklich einen Genitiv auf -*ne*, nämlich in der Illativform: *mo-ne-ze-n* (in mich, -*ze-* in, -*n* mein), *to-ne-ze-t* (in dich, -*t* dein), von dem Gen. *moń* und *toń*; aber Inessiv *moń-se-n, toń-se-t* (in mir, in dir), weil das *e* ausgefallen ist. Im Mokscha aber lautet der Illat. *moń-zyn* für **mone-zyn.*

Auch andere Consonanten werden nach Ausfall des *e* mouillirt; z. B. *tel'-ne* für **tele-ne* (im Winter) von *tele* (Winter); *pel'* neben *pele* (Seite).

Das mokschamordw. nicht mouillirte *ń* steht in gewissen Fällen für das mouillirte *ń,* d. h. für -*ne*.

Den ersamordw. Dat. auf -*nen* theile ich in -*ne-n,* von denen der erste Theil dem ersten Element des mokschamordw. Dativs auf -*ń-di* entspricht.

Das Suffix -*na* im Locativ und Temporalis des Čeremissischen ist das reine ursprüngliche Suffix dieser Casus. In andern Casus ist ein Vocal hinter -*n* abgefallen.

Uebersicht der Endungen.

	Mordwinisch		Čeremissisch	Aelteste belegbare Formen im Wolga-finn.
	Ersa-mordw.	Mokscha-mordw.		
Locativ	-ne	-nä	-na	-na, -nä
Temporalis	-ne	-n	-na, -na-	-na
Possessiv	-ń (-*ne)			
Genit.	-ń (-*ne)	-ń, -n	-n	-n (-*ne)
Allat. (Dat.)	-nen (-ne-n)	-ńdi (n-di)		
Modalis		-na, -nä	-n	-n, na
Distributiv			-n	-n
Collectiv	-ne	-ne	-n	-ne, -n

Permisch.

Wotjakisch.

§ 101. Der *n*-Casus hat im Wotjakischen einen sehr ausgedehnten Gebrauch. Sein Suffix ist in dieser Sprache -*en* oder -*yn*. Wiedemann nennt alle Begriffe, die der Casus auf -*en* oder -*yn* ausdrückt, Instrumentalis. Boller nennt den einen Begriff richtig Instrumentalis und die übrigen Essiv. Ich bezeichne die verschiedenen Begriffe dieser Casusform mit den bereits bei den verwandten Sprachen gebrauchten Bezeichnungen.

§ 102. Locativ. Der Locativ hat hier gleiche Form mit dem Adessiv, und da die Bedeutung des letzteren, nämlich »bei, an«, bei Weitem die vorherrschende ist, so brauche ich zwischen diesen beiden, im Grunde genommen einem Casus, weiter keinen Unterschied zu machen.

Ob Formen auf -*yn* ursprünglich *n*-Locative sind, oder auf das Suffix *sn* (*sna*) zurückgehen, wie Boller vermuthet, kann man nicht eher entscheiden, als bis man die *s*-Suffixe näher untersucht hat.

§ 103. Temporalis: z. B. *subbota nunal-en* (am Sabbathtage); *küjń nunal-en* (in drei Tagen).

§ 104. Adessiv. Der Adessiv wird im Wotjak. als lebendiger Casus sehr oft angewandt.

Beispiele: Matth. 5, 34. 35. *önkargaśky in-en no*

mužem-en no (schwöre nicht, weder beim Himmel noch bei der Erde); Matth. 7. 13. *pyrylü ʒ́oskyt kapka-en* (gehet ein durch die enge Pforte); — Marc. 9, 19. *kytsoź til̕ ed-en luo* (bis wohin, wie lange, werde ich bei euch sein): Matth. 8, 11. *kyl̕ ozy Awraam-en* (sie werden bei Abraham liegen); Matth. 21, 21 *mar karem-yn wal smokownica puen* (was bei, an dem Feigenbaum gethan war).

§ 105. **Comitativ.** Der Zusammenhang des Comitativs mit dem Adessiv ist besonders deutlich in dieser Sprache erkennbar; denn man kann ja die obigen Beispiele statt »bei euch« mit »mit euch« und »bei Abraham« mit »mit Abraham« übersetzen.

Beispiele: Marc. 9, 4 *jawis̕ kyz sojosly Ilia Moisejen čoč* (es erschien ihnen Elias mit Moses zugleich); Marc. 2, 16 *śelyko murtjos-yn-yz walzä siis̕ kyz* (er ass mit den sündigen Menschen zusammen); Marc. 2, 3 *lyktyljamzy so diñä peri šukkem murt-en* (sie kamen zu ihm mit einem von einem bösen Geiste geschlagenen Menschen); Marc. 14, 17 *žytlapal lyktyz das kyk dyśećkyśjos-yn* (gegen Abend kam er mit den zwölf Schülern).

§ 106. **Instrumentalis.** Z. B. Marc. 1, 8 *mon pyrty til̕ edez wu-en* (ich taufe euch mit Wasser); 7, 6 *ta kalyk kyl-en monü uśjalo* (dieses Volk preist mich mit der Zunge).

Der Instrumentalis drückt bei den Zeitwörtern kaufen und verkaufen den Preis aus: z. B. Marc. 6, 37 *kyk śurs końdon-en baśtom ñañjoszä* (sollen wir für (mit) zweitausend Kopeken Brot kaufen).

§ 107. **Praedicativ.** Z. B. Marc. 16, 52 *golik-en pegziz* (er entfloh nackt); 7, 22 *wiźtem-en ulyny* (unverständig sein); 16, 14 *aʒ́emjosly soü lulo-en özoskylä* (den ihn lebendig gesehen Habenden glaubten sie nicht).

§. 108. **Factiv.** Z. B. Matth. 19, 30 *ažlojos luozy börlojos-yn* (die Ersten werden die Letzten, zu den Letzten werden); Joh. 13, 13 *ti śuiśkody monü dyśetyś-en inmar-en no* (ihr nennt mich Lehrer und Herr); Marc. 12, 23 *woziljam soä kyśno-en* (sie hatten sie als Weib, zum Weibe).

§ 109. **Modalis.** Marc. 6, 40 *puksizy no rad-en* (sie setzten sich reihenweise); 8, 34 *mynam tyseton-en med uloz* (er lebe nach meiner Lehre).

§ 110. **Distributiv.** Matth. 20, 9 *dinari-en baśtyzy* (sie empfingen je einen Denar); Marc. 6, 7 *kutśkyz sojoszü istyny kyk-en kyk-en* (er fing an sie zu senden je zwei und zwei).

§ 111. **Collectiv.** Die Collectivzahlen werden mit dem Suffix *-na* gebildet. Diese Form ist die ursprüngliche und nur deshalb erhalten, weil die Personalsuffixe daran gefügt sind. Z. B. Matth. *kyk-na-zy guü üsozy* (Beide fallen in die Grube); Marc. 12, 22 *wylem so sizim-na-zyly kyśno* (sie war allen Sieben Weib); *kyk-na-iz* (sie beide); *og-na-m, og-na-d, og-na-z, og-na-my, og-na-dy, og-na-zy* (ich, du, er, wir, ihr, sie allein); — *woć-na-dy* (ihr Alle).

Og-na (ganz allein), *kyk-na* (beide), *woć-na* (alle zusammen) kommen auch ohne Personalsuffixe mit der Endung *-na* vor.

§ 112. **Allativ.** Im Wotjakischen wird neben dem Allativ auf *-ly* auch ein Allativ auf *-ńü (-ńa)* gebraucht. Diese Casusform findet sich mit Sicherheit nur im Evangelium des Marcus.

Beispiele: 1, 5 *wetlylyzy so-ńü woćak Judapaljos* (es kamen zu ihm Alle aus Juda); 3, 23 *as-ńa-z ütisa sojoszü weraljaz sojosly* (nachdem er sie zu sich gerufen hatte, sprach er zu ihnen, *as-ńa-z* zu sich); 9, 19 *waila soü mon-ńa-m* (bringt ihn zu mir); 11, 7 *waizy no eśaker pizü Jisys-ńü* (und sie brachten das Eselsfüllen zu Jesu); 12, 2 *istyz no užaśjos-ńä aslestyz murtzü* (und er sandte zu den Arbeitern seinen Menschen). Wiedemann §. 18.

Syrjänisch.

§ 113. Wiedemann nennt nach dem Vorgange Flörow's alle Begriffe des syrjän. Suffixes *-ön, -en*, in Zusammensetzung *-na-*, Instrumentalis. Ich ordne sie wegen bequemerer Erklärung unter die bekannten Bezeichnungen.

§ 114. **Locativ.** Er kommt in einigen Partikeln vor. Hier hat er neben *-ön* auch blosses *-n*. *Set-ön* (dort), wo *set-* der Stamm ist, wie in *set-yś* (von dort); *se-n* (dort), *se-* primärer Stamm des Demonstrativpronomens; *tat-ön* (hier), wo *tat-* der Stamm ist, wie in *tat-yś* (von hier); *ta-n* (hier) von dem primären Stamm des Demonstrativpronomens gebildet; *kö-n* (wo), *ni-kö-n* (nirgends), Stamm *ko-* in *kody* (welcher).

§ 115. **Temporalis.** Das Suffix *-ön* steht bei Zeitbestimmungen für »binnen, innerhalb« (Wiedemann). Z. B. Matth. 26, 61 *werma rözöritny wićko jenlyś, i kuim lun-ön wöć'ny syjes* (ich kann zerstören den Tempel Gottes, und in drei Tagen erbauen ihn).

§ 116. **Adessiv.** Z. B. Matth. 23, 18 *kor kody jorśüs öltar-ön, syja ninöm, a kody jorśüs kozin-ön* (wenn Jemand schwört bei dem Altar, (so ist) es nichts, aber wer schwört bei der Gabe etc.); — Matth. 9, 20 *kućöm kö baba wiśis wirpetöm-ön daskyk wo* (ein gewisses Weib war krank am Blutfluss zwölf Jahre); 5, 3 *śudaös niśćejjas lol-ön* (selig sind die Armen am Geiste); — 14, 26 *aẕisny syjes welöẕiśjas more wywty loktöm-ön* (es sahen ihn seine Jünger über das Meer kommend, »eigentlich beim Kommen«. Wiedemann § 84 und 86, 1).

§ 117. **Instrumentalis.** Z. B. Matth. 21, 35 *muködsö wüsny izjas-ön* (Einige tödteten sie mit Steinen).

Der Instrumentalis kommt in Zusammensetzungen mit den Personalsuffixen auch mit der Endung *-na* vor; z. B. *as-na-d* (mit dir) von *as* (Leib, Körper, Person, selbst), Matth. 6, 2 *en os'jiś as-na-d* (rühme dich nicht mit dir. Wiedemann § 28); 18, 8 *kor śybitöma loan kyknan kina-d i kyknan kok-na-d kustöm biö* (wenn du geworfen wirst mit deinen beiden Händen und deinen beiden Füssen in das unauslöschliche Feuer. Wiedemann § 28); — 19, 28 *kor pukśüs pi mortlön prestöl wylö aslas slawa-na-s* (wenn sich setzen wird der Menschensohn auf den Thron mit seinem Ruhm. Wiedemann § 29).

§ 118. **Praedicativ.** Z. B. Matth. 12, 27 *naja*

loasny tijanly sudjas-ön (sie werden euch Richter sein. Weitere Beispiele Wiedemann § 11).

§ 119. Factiv. Z. B. Matth. 21, 13 *ti kerynnyd syjes razböjnikjasly olanin-ön* (ihr habt ihn gemacht für Räuber zu einem Aufenthaltsort); 19, 12 *aśnysö woč'isny skopecjas-ön* (sich selbst machten sie zu Eunuchen).

§ 120. Modalis. Z. B. Matth. 13, 44 *gaž-ön sy wösna munö, i bydsön myj em, wuzalö* (in Freude darüber geht er, und alles was (ihm) ist, verkauft er); 2, 10 *naja gažedśis-ny zew yžyd gaž-ön* (sie freuten sich sehr, eigentl. »mit einer sehr grossen Freude«).

§ 121. Distributiv. Matth. 20, 2 *donjaśis že udśalyśjasköd, myntyny najaly peńäz-ön* (er wurde einig mit den Arbeitern, zu zahlen ihnen (je) einen Pfennig); *byd--ön-ön* (sie Alle) von *byd*, Adj. (ganz); 18, 20 *köny č'ukörtśäsny kyk-ön libö kuim-ön menam nim ponda* (wo sich sammeln je zwei oder je drei meines Namens wegen).

§ 122. Collectiv. Die Collectivzahlen werden aus ihren Cardinalen mit der Endung *-nan* (*na-n*) gebildet; z. B. *kyk-nan* (beide), *ńol'-nan* (alle vier), *daskyk-nan* (alle zwölf); Matth. 26, 20 *syja pukśis daskyk-nan welöžiśjasysköd* (er setzte sich mit seinen zwölf Jüngern).

Von der Zahl *ötik* (*öt-ik*, einer) ist mit dem Suffix *-na öt-na-s* (allein) gebildet; Matth. 14, 23 *kolč'ilys setön ötnas* (er blieb da allein); 4, 10 *syly öt-nas-ly služit* (ihm allein diene); 17, 1 *katödys najaös žužyd göra wylö öt-nanysö* (er führte sie auf einen hohen Berg allein, *ötna-nysö* plur, Form). — —

§ 123. Die Formen des *n*-Casus, wie sie in den permischen Sprachen vorliegen, als da sind: *-ön, -en, -yn*, sind nicht ursprünglich, sondern auf speciell permischem Sprachgebiet entstanden, mag man Lautversetzung annehmen oder das *ö, e* und *y* für Bindevocale oder Stammauslaute ansehen. Die älteste volle Form *-na* finden wir in den Collectivzahlen des Wotjakischen und des Syrjänischen, so wie oft vor den Personalsuffixen des letzteren statt *-ön, -en*. Zwar ist Wiedemann (§§ 28 und 29) der

Meinung, dass dieses -*na*- vor den Personalsuffixen im Syrjänischen aus -*ön*, -*en* abzuleiten wäre — so soll z. B. *ki-na-d* (mit deiner Hand) aus *ki-ön* enstanden sein; die Anfügung des Personalsuffixes ist aber bekanntermaassen uralt, die Form *ön, en* aber sehr jungen Ursprungs; also ist hier wie auch sonst vor den Personalsuffixen das alte -*na* rein bewahrt. Es ist gleichsam eine uralte Formel, von welcher das Volk, weil es sie stets im Munde führte, nicht abweichen mochte. Wie der Begriff des Instrumentalis im syrjän. *n*-Casus in Zusammensetzungen die alte Form -*na* bewahrt hat, so würden auch die anderen Begriffe sie bewahrt haben, wenn sie ebenfalls in Zusammensetzungen vorkämen. Uebrigens scheint es, dass man in der That nicht alle Formen mit -*na*- als Instrumentale aufzufassen hat. Spuren des alten Locativsuffixes -*na* finden sich überdies noch in Partikeln, mit dem *l*-Suffix zusammengesetzt, vor, z. B. wotjak. *śer-lo-n* (hinten); *ped-lo-n* (draussen). Alte Formen und Bedeutungen des *n*-Casus scheinen sich endlich im Pronomen des Syrjänischen erhalten zu haben.*) Doch darüber später.

Wie ich das Allativsuffix -*ńa* erklären soll, weiss ich nicht. Es scheint, als sei dem *ń* für -*ne* oder -*ni* ein -*a* hinzugefügt (vergl. jedoch auch Boller Band 11).

Uebersicht der Endungen.

	Wotjakisch.	Syrjänisch.	Aelteste belegbare Formen im Perm.
Locativ	-*en*, -*yn*	-*n*, -*ön* (*ü-n*)	-*na
Temporalis	-*en*, -*yn*	-*en*, -*ön*	-*na
Adessiv	-*en*, -*yn*	-*en*, -*ön*	-*na
Comitativ	-*en*, -*yn*	-*en*, -*ön*	-*na
Instrumentalis	-*en*, -*yn*	-*en*, -*ön*, -*na*	-*na*
Praedicativ	-*en*, -*yn*	-*en*, -*ön*	
Factiv	-*en*, -*yn*	-*en*, -*ön*	
Modalis	-*en*, -*yn*	-*en*, -*ön*	
Distributiv	-*en*, -*yn*	-*en*, -*ön*	
Collectiv	-*na*	*na-n*, -*na*	-*na*

---

*) Siehe darüber: »Das Personalpronomen in den altaischen Sprachen von Dr. O. Donner. I. Die finnischen Sprachen. Berlin 1865.«

Ugrisch.

§ 124. Das Suffix -*na* (-*n*, -*an* etc.) wird in den ugrischen Sprachen, wie in den verwandten, gebraucht. Da es auch gleichbedeutend mit dem westfinnischen Inessiv auf -*ssa* für -*sna* und mit dem Lappischen -*sne*, -*n* ist, so ist es auch möglich, dass das -*na*, wo es in der Bedeutung des westfinnischen Inessivs gebraucht wird, durch Assimilation aus -*sna* entstanden ist. Sicher aber ist es, dass die Formen auf -*na*, wo sie mit den Praepositionen: an, bei, auf und mit übersetzt werden, auf ein ursprüngliches -*na* zurückgehen, wie in verwandten Sprachen. — Auch hier sehe ich mich genöthigt, wegen besserer Erklärung, zu den von den bisherigen Grammatikern angeführten Benennungen die vorherbehandelten Casus-Bezeichnungen anzuwenden.

Ostjakisch.

§ 125. Locativ. Der *n*-Locativ kommt in Partikeln vor und endigt auf -*na* (-*ne*, -*n*); z. B. *pir-na* (hinter, hinten, nach), vergl. d.-ehstn. *pera-n* (hinten, nach) von *pera* (das Hintere); *chowa-n* (weit, längst), surgut. *kowo-n* (fern), vergl. sm. *kauka-na* und *kaua-n* (fern); *joda-n* oder *joko-n* (zu Hause), vergl. sm. *koto-na* (zu Hause); *nūme-n* (oben); *puñat-na*, surg. *poñatl-na* (nebenan, bei) von *puñat*, surg. *puñatl* (die Seite).

§ 126. Temporalis: z. B. *chu-n*, surg. *chunti* (wann), vergl. *ku-na* im Westfinnischen und Čeremissischen; *ťut-na* (dann), vergl. čerem. *ty-na-m*, ehstn. *tō-na*, sm. *tuo-na*; *chowa-n*, surg. *kowa-n* (längst), vergl. sm. *kaua-n*, ehstn. *kaua*(-*n*); *toga-n* (immer); *āt-na* (bei Nacht), surg. *jōgo-n* (bei Nacht), sm. *yö-nü*; *idai-na* (Abends), vergl. wotisch *ōhtogo-n*, *ōhtogo-na* (am Abend), sm. *ilta-na* (dass.).

§ 127. Praedicativ: z. B. *kuruk-na tegettet* (er fliegt wie ein Adler); *sēm-na* oder *sem-na* (als ein Auge), pl. *sēmet-na* (als Augen).

§ 128. Adessiv. Das Suffix -*na* kommt »bisweilen«

(Castrén) als Adessiv vor; z. B. *taga-na, taga-n* (auf der Stelle) von *taga* (Platz).

§ 129. Possessiv. Das Suffix -*na* wird gebraucht »besonders« (Castrén) in der Bedeutung des Possessivs; z. B. *ime-na ūdet* (er lebt bei der Frau); *Rut'-na wāch tājem* (bei dem Russen ist (der Russe hat) Geld).

§ 130. Instructiv; z. B. *chui-na tagamái* (durch den (von dem) Mann geworfen). Sein Suffix ist auch -*nat* (*na-t* oder *n-at*) neben -*at*.

§ 131. Instrumentalis. Sein Suffix ist gleich dem Instructiv, nämlich -*na* oder -*nat*; z. B.: *kerap-na-t* oder *kerabat* (mit dem Boote); *kōt-na-t* (mit der Hand); *sēm-na-t* (mit dem Auge).

§ 132. Comitativ. Sein Suffix ist *na-t* neben -*at*; z. B. im Surg. *kui-na-t* (mit dem Mann); *moñi-na-t* (mit dem jüngeren Bruder).

§ 133. Distributiv. Die Distributivzahlen werden mit dem Suffix -*at*. aber daneben auch mit -*nat*, von ihren Cardinalen gebildet; z. B. *kāde-na-t* (je zwei).

Magyarisch.

§ 134. Locativ. Der alte *n*-Locativ kommt in einigen Partikeln vor. Diesem ist häufig noch ein Locativsuffix -*t* angefügt worden, das zuweilen dem *n* sich assimilirt, zuweilen auch nicht; z. B. *kü-nn* oder *ki-nn* für *kü-n-t* oder *ki-n-t* (draussen); *fö-n* oder *fö-nn* für *fö-n-t*, oder *fe-nn*, *fe-n-t* (hoch, oben) von *fö* (Kopf, Haupt), sm. *pää* (Haupt), mordw. *pe* (Ende); *köz-ön* (in der Mitte) von *köz* (Zwischenraum), vergl. sm. *keske-n* von *keski* (Mitte); *le-nn* für *le-n-t*, oder *ala-n-t* (unter, darunter), sm. *ala* (das Untere), *ala-ha-na* (unten).

§ 135. Ablativ vom *n*-Locativ. Dem Locativ auf -*n* ist in einigen Partikeln das -*t* des Caritativs hinzugefügt worden; z. B. *onnat, onnét* (daher, von dort her) für **oz-na-t, *oz-né-t* von *oz* (jener, in der älteren Sprache, jetzt *az*); *onna-n-t* für **oz-na-n-t* (daher), vergl. ehstn. *kodu-n-ta* (von Hause), liv. *tagā-n-d* (von hinten).

§ 136. **Temporalis**. Das Suffix *-n* (*-on*, *-en*, *-ön*) bildet den Temporalis; z. B. *az id-én* in dieser Zeit, heuer); *hétfő-n* (am Montage, wörtl. am Anfang (*fő*) der Woche (*hét*); *kedd-en* (am Dienstag); *tél-en nyár-on* (im Winter und Sommer); *kor-án* (früh, zeitlich) von *kor* (Zeit); *kés-őn* (spät) von *kés-ni* (verweilen).

§ 137. **Adessiv auf** *-n*. Im Magyarischen kommt ein Adessiv auf *-n* (*-on*, *-en*, *-ön*) als ein häufig gebrauchter Casus vor, welcher durch das deutsche an, über, auf übersetzt wird. Riedl nennt diesen Casus »Superessivus« und übersetzt die von ihm gegebenen Beispiele mit Vorliebe mit der Praeposition »auf« (vergl. § 99, 7), während ich nach Riedl (Syntax § 127) Beispiele wiedergeben werde, um zu zeigen, dass man diesen Casus ebenso gut auch mit den Praepositionen über, an übersetzen kann; z. B. *kiderült égünk-ön felviradt a nap* (Verseghi, an unserem Himmel (*ég*) geht die Sonne auf); *köv-én meglátni csaták nyomát* (Eötvös, an seinem Steine (*kő*) kann man die Spur der Schlachten sehen); *mi csillámlik ott a hegyen?* (Kisfaludy K., was glänzt dort am Berge?); *több izben diadal maskodott a török-ön* (Horváth M., mehrere Male hat er über die Türken triumphirt).

Der Adessiv wird ferner an die Benennungen der Mittel, woran jemand gefangen, gebunden, gehalten wird, gefügt; z. B. *fék-en tartani* (am Zaume halten); *nyak-on kapni* (beim Halse packen); *lopás-on kapták* (man hat ihn beim Diebstahl ergriffen). Riedl, S. 246.

§ 138. **Instrumentalis**. Das Suffix des Adessivs auf *-n* bildet, verglichen mit den verwandten Sprachen, einen Instrumentalis, welchen Riedl und Andere nicht mit dieser Bezeichnung anführen; z. B. *makk-on hizlaltam Bakony erdejében* (Faludy, ich habe ihn mit Eicheln gefüttert im Bakonyer Walde); *két forint-on vettem* (ich habe es um zwei Gulden gekauft (Riedl), eigentl. mit zwei Gulden); *pénz-en vette* (er hat es ums Geld gekauft, eigentl. mit Geld), vergl. Lappisch und Permisch.

Die von Riedl hier (beim Instrumentalis) angeführten Beispiele sind dem Begriffe des Instructivs nahestehend.

§ 139. Der Adessiv auf *-nál, -nél.* Im Magyarischen giebt es einen Adessiv auf *-nál, -nél* (dialektisch: *-ná, -né*), der zu trennen ist in *-ná-l, -né-l,* d. h. dem *n*-Adessiv ist der *l*-Adessiv zugefügt, vergl. das altehst. *jōge-na-l* (am Flusse). Dieses Suffix entspricht der deutschen Praeposition bei.

Beispiele: *atyá-nál* (bei dem Vater); *ház-nál* (bei dem Hause); *kert-nél* (bei dem Garten); *atyák-nál* (bei den Vätern), *házak-nál* (bei den Häusern); *kertek-nél* (bei den Gärten); *atyám-nál* (bei meinem Vater); — *házam-nál tartózkodik* (er hält sich bei meinem Hause auf); *Mezek-Bég szent Imré-nél táboroz* (Kisfaludy K., Mezek-Bég lagert bei St. Emmerich).

§ 140. Der Allativ und Dativ auf *-nak, -nek.* Im Magyarischen wird sehr oft ein Casussuffix *-nek, -nak* gebraucht, hauptsächlich um die Richtung irgendwohin anzugeben. Dieses Suffix besteht aus *ne-k, na-k; ne (na)* ist Suffix des *n*-Allativs, *k* dagegen ist auch oft ein die Richtung angebendes Suffix, welches häufig in den finnischen Sprachen angewandt wird, worüber ich an einem andern Orte zu reden habe.

§ 141. Allativ. Ich schicke diejenigen Beispiele, bei welchen das Suffix *-nek, -nak* zur Bezeichnung der Richtung dient, voraus, weil diese Bedeutung des Suffixes die ältere ist, und gebe dann erst die Beispiele, die dem deutschen Dativ entsprechen.

Beispiele: *út-nak indult szőke Bandi,* (Kisfaludy K., der blonde Bandi begab sich auf den Weg); *ez kelet felé visz az nyugat-nak* (Petőfy, dieser führt gegen Osten, jener gegen Westen); *Szuleiman egyenesen Bécs-nek tartott* (Horváth M., Suleiman ging gerade auf Wien zu).

§ 142. Dativ. »Der magyar. Dativ fällt in vielen Fällen mit dem deutschen zusammen.« (Riedl.)

Beispiele: *atyám nek-em pénzt adott* (mein Vater hat mir Geld gegeben), *-nek* Dativsuffix, *-em* Personalsuffix; *az nek-ed nem árt* (das schadet dir nicht); *ki-nek irsz?* (wem schreibst du?); *bocsáss mege reszkető kezeknek, bocsáss meg az atyá-nak* (Kisfaludy K., verzeihe diesen zitternden Händen, verzeihe dem Vater).

§ 143. Factiv. Sein Suffix ist das des Allativs und steht bei den Verben, die benennen, für etwas halten, erklären, zu etwas machen, erzählen ausdrücken.

Beispiele: *méltó-nak tartom* (ich halte es für würdig); *bűnös-nek valljuk hát?* (sollen wir sie für schuldig erklären?); *téged kiált a sziv nyugtató segély-nek* (Kisfaludy K., dich ruft das Herz zur beruhigenden Hilfe); *költő-nek szült anyám* (Petöfy, zum Dichter hat mich meine Mutter geboren).

§ 144. Praedicativ. Er ist von dem vorigen Casus begrifflich wohl zu unterscheiden. Folgende Beispiele nennt Riedl (§ 125, 2) »eigenthümliche«; sie entsprechen aber dem Praedicativ der verwandten Sprachen.

Beispiele: *ha nek-i volnék* (wenn ich (als) er wäre, d. h. wenn ich an seiner Stelle wäre); *mi-nek?* (wozu, weshalb?).

§ 145. Possessiv. Sein Suffix ist *-nak, -nek*.

Beispiele: *egy férjfi-nak háza volt* (Kisfaludy K., ein Mann hatte ein Haus); *nek-em nincs semmim* (Petöfy, ich habe nichts); *nek-em fejem fáj* (ich habe Kopfweh, wörtl. mir schmerzt mein Kopf).

§ 146. Genitiv. Sein Suffix ist ebenfalls *-nak, -nek*.

Beispiele: *az úr-nak háza* (das Haus des Herrn); *vedd köszöntését elválo barátjá-nak* (Kisfaludy K., empfange den Gruss seines (anstatt: des) scheidenden Freundes); *ki-nek háza ez?* (wessen ist dieses Haus?); *föld-nek alatta hever* (Vörösmarty, er liegt unter (*alatta*) der Erde, ursprüngl. auf dem Unteren der Erde).

§ 147. Modalis. Die meisten Adverbien werden mit dem *n*-Suffix (*-n, -en, -an, -on, -ön*) gebildet, namentlich aus Adjectiven.

Beispiele: *magas-an* (hoch); *magasabb-an* (höher); *legmagassabb-an* (am höchsten); *szép-en* (schön); *mélt-án* von *mélta* (würdig); *közönös-en* (gemeinschaftlich); *idei-n*, *idej-én* (zeitig, zu seiner Zeit); *igy-en* (auf diese Art); *jószánt-an* (gutwillig); *kény-en* (bequem, nach Gefallen); *jelenn-en* (gegenwärtig); *lóhát-on* (zu Pferde, auf dem Pferde, wörtl. auf dem Rücken des Pferdes (*ló*); *léh-án* (gering); *tetemes-en* (erheblich); *tiszt-án* (reinlich) von *tiszta* (rein).

§ 148. Distributiv. Sein Suffix ist das des Modalis.

Beispiele: *kettö-n* (zu zweien); *hárm-an* (zu drei), vergl. d.-ehstn. *kolmina*; *hat-an* (zu sechs); *száz-an* (zu hunderten).

Wogulisch.

Locativ. Der *n*-Locativ kommt im Wogulischen, wie in verwandten Sprachen, in Partikeln vor.

§ 149. Beispiele: *num-en* (oben) von *num* (das Obere); *suj numen cholves* (eine Stimme wurde oben gehört); *kva-n* (draussen), vergl. čerem. *tü-na* (draussen); — *chu-n* (wann, als, wenn).

§ 150. Allativ. Sein Suffix ist *-ne*.

Beispiele: *Vifleem-ne* (nach Bethlehem); *Egipet-ne* (nach Aegypten); *poch-ne* (zu, eigentl. an die Seite) von *poch* (Seite); *kva-ne* (hinaus); *akva-ne* (zusammen); *panchun l'onchet tatat ačel-ne* (die breiten Wege führen zum Tode oder in den Tod).

§ 151. Dativ. Aus dem Allativ ist der Dativ entstanden, sein Suffix ist dasselbe *-ne*.

Beispiele: *Joan mojves urechet-ne* (Johannes wurde übergeben den Wachposten). *Namtes tava-ne nam Jsus* (er gab ihm den Namen Jesus); *i lati tina-ne* (und sprach zu ihnen); *am latam nana-ne* (ich sage euch); *latan Sion a-ne* (saget der Tochter Sion); Matth. 2, 19 *Josif-ne* (dem Josef).

§ 152. Genitiv. Das Genitivsuffix ist wieder *-ne*.

Beispiele: *David-ne* (des Davids); *chotchar püv David-ne* (welcher (ist) der Sohn Davids); *püv Abraam--ne* (Abrahams Sohn).

§ 153. **Instructiv.** Das Suffix des Instructivs ist auch -*ne*.

Beispiele: *amam asraj-ne muctove* (meine Tochter wird geplagt von einem Teufel); *tav peritoves volchvet-ne* (er wurde betrogen durch die Weisen).

§ 154. **Ablativ vom *n*-Locativ.** Sein Suffix ist -*nel*, zu trennen in *n-el*, oder vielleicht in *ne-l*.

Beispiele: *Avraam-nel David mose* (von Abraham bis auf David); *ele menen amna-nel* (geh' weg von mir), vergl. den liv. und magyar. *n*-Ablativ. — —

§ 155. Betrachten wir nun die Formen des *n*-Suffixes in den ugrischen Sprachen, so begegnen uns -*na* und -*ne* als die besterhaltenen. Das -*na* findet sich im Ostjakischen und entspricht dem magyarischen *n*-Adessiv (-*n*, -*an* etc.). Ob der Vocal vor dem *n* im Magyarischen Bindevocal oder früherer Stammauslaut ist, darauf kann ich mich hier nicht näher einlassen, bemerke aber beiläufig, dass für mich das Letztere viel wahrscheinlicher ist (vergl. Riedl § 19. III. Anm.). Der Adessiv auf -*nal*, -*nel* enthält als ersten Bestandtheil seines Suffixes das -*na*, welches dem ostjakischen Adessivsuffix vollkommen entspricht. Wo das Magyarische Suffix -*ne* hat, verdankt es diese Form der Vocalharmonie. In dem Suffix -*na-k*, -*ne-k* herrscht die Bedeutung der Richtung vor. Daher ist -*ne-k* wohl als die ursprüngliche Form anzusehen und dem -*ne* im mordw. Dativ, dem *ń* im čeremissischen Allativ auf -*lań* für -*la-ne* und dem -*ne* des nahverwandten Wogulischen zu vergleichen. Nach Riedl (§ 99, 2) ist -*nek* in der ältern Sprache in der That die allein gebräuchliche Form. Die andern Suffixe sind Schwächungen und Weiterbildungen von -*na* und -*ne*.

Uebersicht der Endungen.

	Ostjakisch	Magyarisch	Wogulisch	Aelteste belegbare Formen im Ugrischen.
Locativ	-na, -n	-n (ö-n, e-n etc.)	-n	-na
Ablativ		-na-t, -n-t	-ne-l (od. -n-el)	-na-l, ne-l
Temporalis	-n, -na	-n (on, en etc.)		-na
Adessiv	-na	1. -n (o-n, e-n etc.), 2. -ná-l		-na
Comit.	-na-t			-na
Instrum.	-na-t	-n (o-n, e-n etc.)		-na
Instruct.	-na		-ne	-na od. -ne
Dat. Allat.		-na-k, ne-k	-ne	-ne
Factiv		-nak, -ne-k		-*ne
Praedic.	-na	-nak, -ne-k		-na
Possess.	-na	-na-k, -ne-k		
Gen.		-na-k, ne-k	-ne	
Modal.		-n (o-n, e-n, a-n)		-n, -*na
Distrib.	-na-t	-n (o-n etc.)		-na

§ 156. Ich müsste nun die ältesten belegbaren Formen des *n*-Casus in allen bisher behandelten Sprachen zusammenstellen und untersuchen, wie in den einzelnen Sprachen aus der älteren Form sich die jüngeren gebildet haben; allein dies kann ich viel besser dann thun, wenn ich auch andere Casus, namentlich die *l*- und *s*-Locative, dargestellt haben werde. Dann nämlich wird es viel klarer, ob *a* oder das die Richtung angebende *e* nach dem jetzigen *-n* abgefallen ist und ob die neuen Vocale einem *a* oder jenem *e* ihren Ursprung verdanken. Aus den *n*-Casus allein lassen sich die ursprünglichen Auslaute nicht immer erschliessen; nur so viel scheint mir festzustehen, dass blos die wenigen *n*-Casus, welche die Richtung angeben, auf die Grundform *-ne* zurückgehen.

§ 157. Wie schon oben gesagt, muss man bei der Erklärung der Bedeutung vom Locativ ausgehen, den ich in allen finnischen Sprachen ohne Ausnahme nachgewiesen habe.

1. Der Locativ auf *-na* bestimmt näher den grösseren oder kleineren Raum, den der Stamm als solcher ausdrückt, z. B. bezeichnet im Suomi das *-na* in *kotona* (zu Hause) den Raum, den das Haus (*koto*) mit allem seinem Zubehör einnimmt; das *-na* in *takana* begrenzt den Raum, den der Sprechende sich als das Hintere (*taka*) denkt; das *-na* in *luona* umfasst den Raum, den der Sprechende sich als das Nahe (*luo*) vorstellt.

2. Der *n*-Temporalis bezeichnet das in der Zeit, was der *n*-Locativ im Raume; so umfasst z. B. das *-na* in *talvena* einen Punkt in der ganzen Zeit, die der Winter ausfüllt; das *-na* in *joulona*, irgend einen Theil der ganzen Zeit, welche die Weihnachten (*ioulo*) ausmacht.

3. Wie der Locativ einen bestimmten Raum, der Temporalis eine bestimmte Zeit bezeichnet, so umfasst der Praedicativ die bestimmte Vorstellung eines Zustandes und ist der *n*-Locativ der Eigenschaft, der die concrete Vorstellung des Raumes in die mehr abstracte eines gewissen Zustandes überträgt, was ich in den Beispielen,

namentlich fürs Westfinnische, ausführlicher darzulegen versucht habe.

4. Der Factiv steht dem Praedicativ am nächsten und dann auch dem Temporalis nahe und drückt das andauernd Veränderliche eines Zustandes aus. Im Lappischen und Permischen scheint man von der andauernden Ruhe eines Zustandes ausgegangen zu sein, im Magyarischen von der andauernden Richtung. Doch ist es oft schwer die Grenze zwischen beiden zu ziehen; man suche sich daher durch aufmerksame Betrachtung der Beispiele in die finnische Anschauungsweise hineinzudenken.

5. Der Adessiv ist fast identisch mit dem Locativ, nur specialisirt für die Bedeutung der Praepositionen »an« und »bei«. Diese Anschauungsweise ist durch die Beispiele aus den verschiedenen finnischen Sprachen klar gemacht, so dass ich mich hier jeder weiteren Erklärung enthalten kann.

6. Der Comitativ hat sich aus diesem Adessiv entwickelt, denn was »bei« Etwas ist, ist auch »mit« Etwas; z. B. im Wotjakischen: *kyl'ozy Awraamen*, d. h. sie werden bei (also auch zusammen mit) Abraham liegen. Wie der Locativ einen bestimmten Raum, der Temporalis eine bestimmte Zeit, der Praedicativ die Vorstellung eines bestimmten Zustandes ausdrückt, so bezeichnet der Comitativ die Gemeinsamkeit mehrerer Individuen bei einer bestimmten Handlung.

7. Der Possessiv ist ebenfalls aus dem Begriff des Adessivs entstanden, denn was andauernd bei Etwas ist, gehört zu Etwas; er bezeichnet also die Angehörigkeit. Dieses Verhältniss habe ich durch die Beispiele aus dem Permischen und Mordwinischen zu veranschaulichen versucht. —

Hierbei möchte ich nachträglich bemerken, dass derselbe Possessiv unter den westfinn. Sprachen nicht allein im Livischen, sondern auch im westlichen Suomi sich findet; z. B. *minu-n on nülkä, jano, vilu, kiire* (ich habe Hunger, Durst, Kälte, Eile, wörtl. bei, an mir ist Hunger etc.), östl. Suomi *minu-lla on nälkü, jano, vilu, küre* (bei mir ist Hunger etc., d. h. ich habe Hunger etc.); *minu-n on oikeus, lupa tehdü sitü* (ich habe Recht, Erlaubniss dies (*sitü*) zu thun). S. Jahnsson §§ 29 und 84, VII. Anm. 2. — (Der Possessiv kann aber auch aus der Vorstellung der Richtung zu Etwas hin oder von Etwas her entstehen (s. das Magyarische).

8. Der Instrumentalis ist auch aus dem Adessiv hervorgegangen und steht dem Begriffe des Comitativs in sofern nahe, als mit dem Comitativ mehr Personen, mit dem Instrumentalis mehr Sachen ausgedrückt werden. Während z. B. die deutsche Anschauung die ist: er ernährte sich »mit« Brod, ist die finnische: er ernährte sich »bei« Brod. Wie der *l*-Adessiv in den westfinn. Sprachen benutzt wurde, um auch den Begriff des Instrumentalis auszudrücken, so gebraucht man auch den *n*-Adessiv, um denselben Begriff zu bezeichnen.

9. Der Modalis bezeichnet die Totalität der Art und Weise, wie der Praedicativ die des Zustandes und der Comitativ die der Zusammengehörigkeit.

10. Der Distributiv scheint nichts weiter als der Modalis der Art und Weise beim Zahlwort zu sein. Das *n*-Suffix bei den Collectivzahlen — und darauf mache ich hier ganz besonders aufmerksam — ist mit dem Comitativ ganz nahe verwandt. Wie wir im Comitativ sahen, dass er mehrere Personen zu einem Ganzen vereinigt, ganz so sehen wir in den Collectivzahlen so viele Individuen oder Dinge, als die Cardinalzahl angiebt, zu einem Ganzen verbunden. Endlich habe ich noch zu bemerken, dass die Distributivzahlen sich oft mit den Collectivzahlen berühren.

11. Der Dativ geht aus dem Allativ, dem Casus der Richtung hervor, wie wir es im Magyarischen und Wogulischen gesehen haben. Im Mordw. muss dasselbe der Fall gewesen sein.

12. Der Genitiv geht aus dem Possessiv hervor und ist diesem, im Grunde genommen, verwandt. So heisst

es im Ersamordw. *kudo-ṅ val'tamo* (das Dach des Hauses), was in der ursprünglichen Vorstellung eigentlich bedeutet: auf (*ṅ*) dem Hause (*kupo*) das Dach (*vel'tamo*). Wo aber der Possessiv aus der Bedeutung der Richtung hervorgegangen ist, da ist auch der Genitiv aus derselben Vorstellung entstanden.

13. Diese beiden letzten *n*-Casus kommen nicht in allen verwandten Sprachen vor. So z. B. sind sie im Permischen nicht vertreten. Schon das ist ein Zeichen, dass sie in der gemeinsamen finnischen Periode wohl nicht vorhanden waren.

§ 158. Da nun die *n*-Suffixe in jeder der behandelten Sprachen sowohl lautlich, als auch begrifflich zusammen gehören, so erfordert es die Consequenz, dass sie fortan in den Specialgrammatiken auch äusserlich zusammengestellt werden, gleichviel, ob hinter *n* ein Vocal abgefallen oder ein Consonant hinzu gekommen ist, ja auch dann, wenn das *-n* selbst geschwunden ist, seine Bedeutung aber hinterlassen hat. Ich habe oben versucht ein Beispiel dieses Verfahrens zu geben, das in Specialgrammatiken sich noch bequemer durchführen liesse. Wie z. B. im Suomi die drei Suffixe des *l*-Locativs (*-lla, -lta, -lle*) hinter einander zu einer Gruppe mit je sieben bis zehn verschiedenen Begriffen zusammengestellt werden, gerade so müssten auch die Suffixe des *n*-Locativs (*-na, -ne, -n*) geordnet werden. Der Genitiv auf *-n* dürfte also nicht unter anders lautende Suffixe gesetzt werden, als ob er mit den anderen *n*-Casus nichts zu thun hätte. Im Ehstnischen müssten der Genitiv und Accusativ nicht unter dem Namen Relativ zusammengefasst werden, weil sie nur äusserlich gleich sind. Der Modalis wie der Terminativ, die doch von sehr vielen Stämmen regelrecht gebildet werden, müssten als selbständige Casus aufgeführt, nicht aber sporadisch unter die Adverbe gerechnet werden u. s. w. u. s. w.

Man befürchte nicht, dass die Casusbezeichnung nach meinem Princip ins Unendliche gehen werde. Viele Bedeutungsschattirungen, die ich der Deutlichkeit wegen mit besonderem Namen bezeichne, werde ich später unter einen Begriff zusammenfassen, also auch zu einem Casus vereinigen. Für die *l*- und *s*-Casus (Locative des äusseren und inneren Raumes), die ungefähr ebenso viele Schattirungen haben wie der *n*-Casus (Locativ des nahen Raumes), werde ich wohl meist dieselben Namen anwenden und nur die Bezeichnung des Raumes, *-l-* und *-s-*, kommt als etwas Neues hinzu. Die gewöhnlichen Benennungen umfassen aber nicht selten zu wenig, um alle Casusschattirungen zu bezeichnen, und zu viel, um die Grundcasus allein zu geben. Sieht man von der Eigenthümlichkeit der finnischen Sprachen, die Raumverhältnisse auf dreifach verschiedene Weise zu charakterisiren, ab, und richtet man sein Augenmerk auf die Grund-Casus allein, so wird sich ergeben, dass die finn. Sprachen nicht viel mehr Casus haben, als die indogermanischen.

Druckfehler.

Seite 9 Zeile 5 von unten lies *wäl'ʿja* statt *wäl'ja*.
- 9 - 2 von unten lies *wälge* statt *wäl'ge*.
- 25 - 13 von oben nach Eiche) *tamme* zu lesen.
- 29 - 12 von oben lies (hoch) statt (streng, recht).
- 31 - 7 von oben lies *kate* statt *katʿe*.
- 31 - 9 von oben lies *paiste* (Nom.) statt *paisʿte*.
- 34 - 2 von oben lies Infinitiv statt Inessiv.
- 35 - 10 von unten lies *kū-se(-n)* statt *ku-se(-n)*.
- 35 - 10, 9, 8 von unten lies *wiʿm-ne*, *wīm-i-ne, *wīme-ine, *wiʿm-se*, *wīm-ise, *wīme-i-se, *wīm-i-s-t*, überall mit langem ī im Stamme.
- 40 - 6 lies *pysyy* statt *pusyy*.
- 81 - 8 von unten lies *n* statt *ń*.
- 94 - 13 von unten lies *nál, nél* statt *nal, nel*.

Ich bin geboren 1843 den $^{28}/_{16}$ Januar auf dem Bauerhof Weske in der Gemeinde Holstfershof in Livland. Mein Vater Peter Weske war Besitzer des genannten Bauerhofes bis zu meinem 6. Jahre, wo er ihn meinem ältesten Bruder übergab, unter Beibehaltung eines kleinen Stückes Ackerland. Von meinem 7—14 Jahre war ich Hirtenknabe im elterlichen Hause. Von meinem 14—19 Jahre besuchte ich im Winter zuerst die gegen eine Meile entfernte Dorfschule und dann auf den Rath meines Dorfschullehrers J. Adamson die Parochialschule auf dem Pastorat Paistel, um mich zum Dorfschullehrer auszubilden; während des Sommers aber besorgte ich die Feldarbeiten im elterlichen Hause. In meinem 16. Jahre starb mein Vater, wodurch meine weitere Ausbildung erschwert wurde. 18 Jahre alt erfasste mich der Gedanke Heidenmissionär für Ostindien zu werden. Nachdem ich beim Herrn Pastor Hansen zu Paistel weiter Deutsch und die alten Sprachen getrieben hatte, ging ich am Ende meines 20. Jahres nach Dorpat, wo ich, namentlich von Herrn Prof. Alexander von Oettingen unterstützt, gegen 4 Jahre das Gymnasium besuchte, und im Frühjahr 1866 das Hauslehrerexamen auf der Universität Dorpat bestand. Im Herbst 1866 kam ich in das Leipziger Missionshaus, trat aber schon zu Pfingsten 1867 aus demselben wieder aus, weil ich mich bald davon überzeugte, dass ich unter der daselbst herrschenden Disciplin in jeder Hinsicht hätte verkümmern müssen. Dem erfolgreichen Einschreiten des russischen Generalconsuls, Herrn Staatsrath tom Have, verdanke ich es, dass ich zu meiner grossen Freude in Leipzig bleiben konnte, statt, wie das Missionshaus beabsichtigte, zwangsweise in meine Heimath befördert zu werden. Im Sommersemester 1868 wurde ich auf der Leipziger Universität immatriculirt und studirte hier, unterstützt von Ihrer Kaiserlichen

Hoheit der Frau Grossfürstin Helene von Russland, sowie auch von der hiesigen Universität, Philologie bis 1872. Ich hörte namentlich die Vorlesungen der Herren Professoren Biedermann, Brockhaus, Curtius, Leskien und Zarncke und betheiligte mich an den Uebungen mehrerer wissenschaftlichen Gesellschaften.

Es drängt mich meinen unterthänigsten tiefgefühltesten Dank Ihrer Kaiserlichen Hoheit der Frau Grossfürstin Helene von Russland auszusprechen, durch Deren gnädige Unterstützung es mir ermöglicht ward mich wissenschaftlich auszubilden.

Mit Freuden ergreife ich auch die Gelegenheit, meinen Lehrern, Gönnern und Freunden für das, was sie für mich gethan haben, zu danken. Besonders aber fühle ich mich gedrungen, meinen innigsten und aufrichtigsten Dank auszusprechen dem kaiserlich russischen Generalconsul, Herrn Staatsrath tom Have in Leipzig, den Herren Professoren Zarncke, Credé, Brockhaus, Leskien und Ebers, meinen Freunden P. Falck aus Reval und Arbusow aus Mitau, welche mir in schlimmen Tagen treu mit That und Rath zur Seite standen, sowie allen denen, die in der Heimath mich in meiner Ausbildung liebevoll gefördert haben, von denen ich besonders Herrn Professor Alexander von Oettingen in Dorpat, Herrn Pastor Hansen zu Paistel in Livland und meinen Lehrer J. Adamson in Holstfershof hervorheben muss. Für das, was meine Mutter unter unsäglichen Mühen und den grössten Entbehrungen für mich gethan hat, finde ich kaum Worte des Dankes. Möge Gott sie noch lange erhalten, damit ich ihr meinen Dank durch die That bezeugen könne.

Michael Weske.